Ein Gardasee Buch.

»Reisen veredelt den Geist
und räumt mit unseren Vorurteilen auf.«

Oscar Wilde (1854–1900)

EIN GARDASEE BUCH.

101 *überraschende Geschichten, erzählt von Monika Kellermann*

BRUCKMANN

INHALT

Meine Relax- und Genussoase

Seit über 17 Jahren pendle ich regelmäßig zwischen München und der Ostseite des Gardasees und bis heute wurde mir das nicht langweilig. Noch immer geht mir das Herz auf, wenn sich das Tor zu meinem kleinen Domizil öffnet und ich zwischen den Olivenbäumen den See durchblinzeln sehe. Bis heute erfreue ich mich am Rauschen der Wellen vor dem Einschlafen und genieße es morgens, wenn noch kaum Menschen unterwegs sind, nach Bardolino zu spazieren. Der Gardasee, so abgedroschen dieses Urlaubsdomizil für viele auch klingen mag, hat unendlich viele schöne Facetten.

Wer vom See und seinem abwechslungsreichen Hinterland erst einmal infiziert ist, kommt immer wieder. Das Einzigartige an diesem Urlaubs-Hotspot ist die Vielfalt an Landschaften, unterschiedlichsten Sportmöglichkeiten und kulturell interessanten Städten. Genießer begeistert die abwechslungsreiche Küche und eine Spannbreite von hochkarätigen Rotweinen über süffige Weißweine hin zu prickelndem Spumante. Hier findet jeder alles nach seinem Gusto und nach seinen Vorstellungen, wenn er nur neugierig ist.

Die Arbeit an diesem Buch hat mir gezeigt, dass es auch für mich – nach so vielen Jahren am Gardasee – noch viel zu entdecken und vor allem zu hinterfragen gibt. Erwarten Sie jedoch keine 101 touristische Highlights, ich erzähle Ihnen Geschichten von Menschen, die mich beeindruckt haben, Geschichten, die ich nachgelesen habe oder die mir erzählt wurden, und ich vermittle Ihnen Ausblicke in die Zukunft meines geliebten Gardasees. Seien Sie neugierig, denn es sind Sie, die den Gardasee in dem Licht erscheinen lassen, das er und seine abwechslungsreichen Landschaften verdient hat.

‹ Sonnenuntergang in Torri del Benaco

I

DAS NÖRDLICHE, TRENTINISCHE SEEUFER

Windsurfer bei Torbole

1

ADLERTURM

Die freskengeschmückten Wohnräume des Fürstbischofs

Fürstbischof Georg von Liechtenstein, der von 1390 bis 1407 in Trento herrschte, veränderte den bereits bestehenden Adlerturm der Burganlage und richtete sich dort, ein wenig abseits der Residenz, seine Privaträume ein. Durch einen langen Gang verband er den Wachturm mit dem Castello del Buonconsiglio, damit er ungesehen dorthin gelangen konnte. Um seine kostbare Freizeit in einem angenehmen Wohlfühlambiente zu verleben, ließ er die Wände von Künstlern schmücken. Der mittlere, rechteckige Raum des Turms wurde dem *Ciclo dei mesi* (Zyklus der Monate) gewidmet, es sind die einzigen Fresken, die heute noch erhalten sind.

Diese Meisterwerke der Gotik spiegeln nicht nur die Jahreszeiten wider, sie zeigen auch die sehr unterschiedlichen Beschäftigungen der bäuerlichen und noblen Bevölkerung im 14. Jahrhundert. In elf Szenen sind detailgenau Kleidungen, Frisuren, aber auch Werkzeuge der damaligen Zeit dargestellt. Es werden die schweren Arbeiten der Bauern ebenso gezeigt wie das luxuriöse Leben der Adeligen. Beeindruckend ist jeweils die Landschaft im Wandel der Jahreszeiten. Kahle Bäume und die schneebedeckten Wälder deuten den Winter an, blühende Wiesen und die Aussaat auf den Feldern signalisieren den Frühling. Der Sommer ist von der Erntezeit geprägt und das Oktoberbild ist ein deutlicher Beweis, dass auch damals schon Trauben zu Wein gekeltert wurden.

Wer diese wunderschönen Kunstwerke malte, ist nicht eindeutig gesichert. Historiker sind sich jedoch einig, dass der Künstler vermutlich aus dem Norden stammte, das zeige die Art und Weise, wie Pflanzen und Tiere dargestellt wurden. Wer auch immer verantwortlich war für diese einzigartigen Fresken, es sind unumstritten Meisterwerke der europäischen Gotik. Man kann sich vorstellen, dass sich der Fürstbischof in diesem Raum wohlgefühlt hat, wenn auch nur für kurze Zeit. 1407 kam es in Trento zum Aufstand des Bürgertums und des Adels, seine Zeit endete damit tragisch.

Es ist der *März*, der als einziges Bild nicht die Wände des Privatsalons schmückte, sondern den Aufgang zu den Gemächern des Fürstbischofs, die man über eine hölzerne Wendeltreppe erreichte. Der Monat März war auch nicht an die Wand, sondern auf Holz gemalt worden. Leider fiel das Gemälde einem Brand zum Opfer und wurde nie mehr ersetzt. Auch nicht von Fürstbischof Bernhard Cles (1485–1539), der zur Vorbereitung für das Konzil von Trient das Castello von berühmten Künstlern mit prachtvollen Gemälden und Stuckarbeiten verschönern ließ.

(2)

CASTEL PENEDE

Als die Matrosen zu Bergsteigern wurden

Der faszinierende Blick von Nago auf den Gardasee entzückte bereits Johann Wolfgang von Goethe auf seiner Italienischen Reise! Weniger wegen der überwältigenden Aussicht als wegen seiner strategischen Lage war der Felsen, auf dem sich das Castel Penede befand (heute nur noch eine Ruine), jahrhundertelang umkämpft. Von hier oben konnte man den nördlichen Zugang zum See optimal kontrollieren und dieser Platz sorgte für eine der kuriosesten Episoden der abwechslungsreichen Geschichte des Gardasees.

Im 15. Jahrhundert befand sich der Gardasee vollständig in venezianischer Hand, lediglich Riva gehörte den Mailändern, und das war der Serenissima ein Dorn im Auge, sie wollte die alleinige Herrschaft in Oberitalien. Als man in Venedig beschloss, sich das nördliche Ufer des Sees einzuverleiben, entschieden sich die Stadtherren von Mailand im Gegenzug, das damals venezianische Brescia zu stürmen.

Um der bedrängten Stadt zu Hilfe zu eilen, mussten dringend Einsatztruppen mobilisiert werden. In Venedig, wo man es schaffte, an einem einzigen Tag ein komplettes Kriegsschiff vom Stapel laufen zu lassen, gab es zwar viele Schiffe, aber das Problem bestand darin, diese an den Gardasee zu bringen. Der einzige schiffbare Zugang war der über den Po und den Mincio unter der Ponte Visconti in Valeggio hindurch. Dieses Gebiet war jedoch fest in Mailänder Hand und somit blockiert.

Aus dieser Notlage entstand, ähnlich wie im Kopf von Klaus Kinski in Werner Herzogs Film *Fitzcarraldo*, der aberwitzige Plan, die Schiffe über die Berge zu transportieren. Von Verona bis kurz vor Rovereto ließ sich die Kriegsflotte, bestehend aus sechs Galeeren, zwei Galeonen und 26 Barken, noch verhältnismäßig einfach auf der Etsch stromaufwärts steuern. Auch der Transport über das heutige Naturschutzgebiet am San-Giovanni-Pass, damals noch ein See, stellte keine unlösbare Aufgabe dar. Aber als die Matrosen der Flotte am steilen Abhang von Nago standen und den See 100 Meter unter sich liegen sahen, hätten sie gern auf die schöne Aussicht verzichtet.

Sprengmeister öffneten einen Durchgang, Holzstämme wurden als Rollen verwendet, außerdem benötigte man dicke Seile, 2000 Ochsen und ganz viel Glück, um die tonnenschweren Schiffe – jede Galeere war 50 Meter lang, sechs Meter breit und hatte über 50 Ruderplätze – langsam den Berg hinunterzurollen. Sie schafften es und nach mehreren Seeschlachten mit den Mailändern fiel Riva am 10. April 1440 an Venedig. Von da an gehörte der Gardasee für die nächsten 350 Jahre den Venezianern.

Der Sieg am Gardasee über die Mailänder war für die Venezianer von so großer Bedeutung, dass sie den berühmten Maler Tintoretto (1518–1594) beauftragten, die Ratstreppe im Dogenpalast mit einem Deckengemälde von der Schlacht zu schmücken. Außerdem ist der Bergüberquerung per Schiff ein Ausstellungsraum im Burgmuseum von Malcesine gewidmet.

3

FERRARI

Ferrari hat in Trento nichts mit Autos zu tun

Die Geschichte der weltberühmten Sektkellerei Ferrari in Trento beginnt mit Giulio Ferrari, der 1879 das Licht der Welt erblickte. Er studierte an der Landwirtschaftsschule San Michele all'Adige und ging, nachdem er sein Diplom in der Tasche hatte, nach Frankreich, um am legendären Weinbauinstitut in Montpellier sein Wissen zu vertiefen. Allem voran interessierte es den jungen Winzer, wie man Weine mit einer natürlichen Flaschengärung – also Champagner – erzeugt. Als er gegen Ende des 19. Jahrhunderts in seine Heimat zurückkehrte, hatte er einige Chardonnay-Rebstöcke mit im Gepäck, die er in seinem eigenen Weinberg anpflanzte. Nach Jahren harter Arbeit und viel Ehrgeiz konnte er 1902 in seinem Familienpalais inmitten der Altstadt von Trento seinen ersten Spumante Ferrari präsentieren. Giulio Ferrari war zutiefst überzeugt, dass die Bodenbeschaffenheit und das Klima in seiner Heimat bestens geeignet sind, um Flaschengärsekte wie in der Champagne zu erzeugen.

Da Signor Ferrari keine eigenen Kinder hatte, suchte er einen Käufer für sein Weingut, der seine Idee – hochwertigen Spumante und die Marke Ferrari – in seinem Sinne weiterführte. Aus den vielen Bewerbern entschied er sich für Bruno Lunelli, einen Weinhändler aus

^ Die edlen Flaschengärsekte werden noch echt verkorkt. Am Korkbrand, der Beschriftung des Korkens, ist die Kellerei ersichtlich.

Trento, der mit Leidenschaft und Unternehmergeschick begann, die Produktion zu steigern, ohne jedoch den hohen Anspruch auf Qualität aus den Augen zu verlieren. Seine Söhne Gino, Franco und Mauro machten Spumante Ferrari zur Nummer eins der Flaschengärsekte in Italien. Heute sorgen deren Kinder Marcello, Matteo, Camilla und Alessandro dafür, dass Giulio Ferraris Traum von exzellenten Flaschengärsekten (*Metodo classico*) weiterhin aufrechterhalten bleibt.

Die Grundidee von Giulio Ferrari – dass Böden und Klima optimal geeignet sind für großartige perlende Tropfen – hat sich im Laufe der weit über 100 Jahre bestätigt. Nicht nur für die Cantina Ferrari, es gibt einige andere sehr gute Flaschengärsekte mit der Trento-DOC-Bezeichnung, die die Freunde nobler Schaumweine erfreuen. Ferrari produziert in Trento mittlerweile mehrere Spumante-Linien, alle im Spitzenbereich! Giulio Ferrari Riserva del Fondatore, der nur in besten Jahrgängen gekeltert wird, ist und bleibt das Flaggschiff von Ferrari und ist schon jetzt Legende. Wer besser verstehen will, welcher Aufwand und welche Mühe notwendig sind, um derart edle Schaumweine herzustellen: Man kann die Kellerei auch besuchen.

4

FRESKENMALEREI

Die bemalten Häuser sind echte Hingucker

Auf dem Weg in Richtung Süden lassen die meisten Urlauber die Stadt Trento links liegen. Ein Fehler! Denn die Hauptstadt der Provinz Trentino ist absolut einen Besuch wert. Sie hat Flair und man wird nicht mit einer Menschenschar durch die schönen alten Gassen geschoben, wie es in so manchen Touristenstädten Italiens der Fall ist. Genießen Sie auf der Piazza del Duomo nicht nur den Blick auf den Dom San Vigilio und den beeindruckenden Neptunbrunnen, drehen Sie sich um und betrachten Sie in aller Ruhe die beiden Adelspaläste, die Case Cazuffi-Rella. Die Palazzi stammen aus dem 14. Jahrhundert und die ins Auge fallenden Fresken der Fassaden stammen von Fogolini, einem berühmten Künstler seiner Zeit.

Weitere wunderschöne Gemälde kann man an der mittelalterlichen Fassade der Casa Balduini bewundern. Wer sie gemalt hat, ist nicht genau gesichert, aber man vermutet, dass es ebenfalls Marcello Fogolini war. Der aus Friaul stammende Künstler hielt sich zwischen 1527 und 1549 in Trento auf und hinterließ auch im Castello Buonconsiglio viele herrliche Wandmalereien.

Die Dekorationen an den Häusern in Trento – teilweise Figuren der griechisch-römischen Mythologie, teilweise des Mittelalters – sind faszinierend und ein Markenzeichen der Trentiner Hauptstadt. Bei einem Bummel spürt man, dass Trento auf eine glorreiche Vergangenheit zurückblicken kann. Faszinierend ist, wie sich der Baustil der Renaissance harmonisch mit Bauweisen anderer Epochen vereint.

Zwar wurde 1962 eine Universität in Trento gegründet, aber erst seit 1982 ist es eine staatliche Universitätsstadt – und das tat der

Hauptstadt der autonomen Region Trentino wirklich gut. Seither bevölkern viele junge Menschen die romantischen Gassen, die Bars und Cafés sind gefüllt und aus der schönen, aber etwas tristen und altmodischen Stadt an der Etsch ist eine pulsierende Metropole geworden, die lebt und die es sich lohnt zu besuchen.

5

GARTENPARADIES

Die Liebe des Erzherzogs zu exotischen Pflanzen

Erzherzog Albert von Österreich verbrachte seine Urlaube gern in seinem Palais in Arco, das damals zum österreichischen Reich gehörte. Er hegte eine Liebe zur Botanik, und das milde Klima am nördlichen Ufer des Gardasees, geschützt von umliegenden Bergen, ermöglichte es ihm, hier seinen Traum von einem botanischen Museum zu verwirklichen. 1873 wurden die ersten exotischen Sträucher und Bäume gepflanzt und kleine Seen angelegt. Persönlichkeiten des Habsburger Hofs und der Regierung waren im Palais des Erzherzogs zu Gast und erfreuten sich nicht nur an den vielen Sonnenstunden, sondern vor allem an der einzigartigen Schönheit des nahe gelegenen Parks.

Die Villa des Erzherzogs in der Via Fossa Grande ist heute im Privatbesitz, den Parco Arciducale kann man jedoch besuchen, ohne Eintritt zu bezahlen. Heute ist die Pracht der über 200 verschiedenen Pflanzen aus aller Welt sicherlich noch beeindruckender als damals. Zu bestaunen sind unter anderem Monterey-Zypressen, Steineichen und Mammutbäume bis hin zu Agaven, Palmen, Kaktus- und Seidenbäumen. An einem Naturteich fühlen sich Schildkröten, Libellen und Frösche wohl. Zahlreiche Bänke säumen die gepflegten Wege.

Das Naturwissenschaftliche Museum von Trento verwaltet seit 1993 diesen geradezu paradiesischen, aber immer noch ziemlich unbekannten botanischen Garten in Arco. Einfach nur die Ruhe und die Natur genießen oder auf einem angelegten Parcours sich über Herkunft und Art der einzelnen Pflanzen informieren – all dies ist möglich, das ganze Jahr hindurch. Der Parco Arciducale mit Arboretum liegt nur wenige Minuten zu Fuß von Arcos Altstadt entfernt, und es ist ein wunderbarer Platz, um die Seele baumeln zu lassen.

6

KÜNSTLERTREFF

Vom Geisterdorf zu einem der schönsten Orte Italiens

Eigentlich wollte keiner der wenigen Einwohner des mittelalterlichen Dörfchens Canale nahe dem Lago di Tenno nach dem Zweiten Weltkrieg hier wohnen bleiben. Alle zog es ins Tal, weil es dort Arbeit gab und das Leben einfacher war als oben auf dem Berg. So verfielen ganz allmählich die alten Häuser und das Dorf, dessen Wurzeln bis in das Jahr 1211 zurückreichen, verwaiste.

Dank einiger Künstler und Individualisten, die das mittelalterliche Juwel in den Achtzigerjahren entdeckten und mit Fingerspitzengefühl renovierten, hat Canale seine einstige Struktur bewahrt und zählt heute wieder 50 Einwohner. Mit großer Rücksicht auf die Historie errichtete man Ateliers, in denen Künstler Zeit verbringen können, um zu arbeiten. Einzige Bedingung war und ist, dass sie eines ihrer fertiggestellten Werke am Ende ihres Aufenthalts spenden müssen. Das Casa degli Artisti, benannt nach dem Maler Giacomo Vittone, ist heute eine Begegnungsstätte für Künstler aus aller Welt, und Besucher dürfen die zahlreichen Kunstwerke besichtigen. Wer Lust hat, in den alten Gemäuern des schönen Künstlerparadieses einige Urlaubstage zu verbringen, kann sich ein Zimmer oder eine kleine Wohnung mieten. Langweilig wird es sicherlich nicht, denn es werden Mal-, Töpfer-Fotografie- und Tanzkurse angeboten und außerdem gibt es wunderschöne Pfade für Wanderer und Mountainbiker.

»Wie gern hätte ich meine Freunde einen Augenblick neben mir, dass sie sich der Aussicht freuen könnten, die vor mir liegt.«

J. W. von Goethe am 12. September 1786 beim Blick von Nago auf den See

Wegen der Hanglage geht es im Dorf stets bergauf und bergab durch verwinkelte Gänge, Rundbögen und Steintreppchen, natürlich autofrei. Einen kleinen Parkplatz gibt es unterhalb der Ortschaft, aber viel Platz ist da nicht, und das garantiert den Besuchern, dass sich im Künstlerdorf nicht die Touristen drängen. Parkplatznot herrscht im Sommer während des beliebten mittelalterlichen Festes. Ende November bis Ende Dezember verwandelt sich Canale in eine lebendige Krippe mit einem hübschen Weihnachtsmarkt.

7

LIETZMANN

Männlicher Akt im Freien

»Hans Lietzmann, 1872–1955, Pittore di Berlino qui visse e lavorò per oltre 50 anni« (Hans Lietzmann, Maler aus Berlin, der über 50 Jahre hier gelebt und gearbeitet hat) steht auf einer Gedenktafel in Torbole. Lietzmann stammte aus einer bürgerlichen Familie, die fest im lutherischen Glauben verankert war. 1879 besuchte er als Siebenjähriger mit seinem Vater das trentinische Ufer des Gardasees, das damals zu Österreich gehörte. Nach dem Tod des Vaters 1880 wohnte er kurze Zeit bei seiner Großtante in Riva del Garda. Zurück in Berlin besuchte Lietzmann die Kunstakademie, machte jedoch keinen Abschluss, sondern zog es vor, weiterhin autodidaktisch zu arbeiten.

Die schöne Zeit am Gardasee, das milde Klima, die bezaubernde Landschaft und vor allem das faszinierende Licht gingen ihm nicht aus dem Kopf. 1899 beschloss er, an den Benaco überzusiedeln. Er kaufte sich in Torbole ein Haus mit einem herrlichen Seegrundstück, nannte es Café Paradiso und gründete eine Schule für Künstler, der er den vielsagenden Titel *Männlicher Akt im Freien* gab. Angelockt von Goethes Erzählungen über seine Italienreise, kamen zahlreiche Künstler nach Torbole, um bei Lietzmann Unterricht zu nehmen. Die Schule war in ihren Kreisen bald bekannt und sehr geschätzt. Diese Erfolgsphase dauerte eine ganze Weile und es war Lietzmanns persönlich beste Schaffenszeit. Seine Zeichnungen und Bilder aus diesen Jahren zeigen die herrliche Landschaft, die bezaubernden Dörfer und die Menschen in und um Torbole.

Den Maler interessierten aber auch biblische Themen und so entstanden einige Werke mit Motiven aus dem Neuen Testament. Seinem guten Ruf verdankte er es, dass er während des Ersten Weltkriegs zum Militärzeichner berufen wurde. Eines seiner bekann-

HANS LIETZMANN
1872 – 1955
PITTORE DI BERLINO
QUI VISSE E LAVORÒ
PER OLTRE 50 ANNI

testen Bilder aus dieser Zeit zeigt den Freiherrn von Richthofen, bekannt als der Rote Baron. Als die Faschisten unter Mussolini alle ausländischen Besitztümer enteigneten, verlor auch Lietzmann seinen Besitz in Torbole.

Vorbei war nun die Zeit eines erfolgreichen und genussvollen Lebens. Er fuhr nach Deutschland, bekam aber bald erneut Sehnsucht nach Torbole, wohin er zurückkehrte und in äußerst bescheidenen und armseligen Räumen weitermalte. Er restaurierte das vom Krieg zerstörte Altarbild von Giambattista Cignaroli in der Kirche von Torbole und setzte sich vehement dafür ein, den Paragraf 175 des Strafgesetzbuches abzuschaffen, der Homosexualität unter Strafe stellte. Leider kam es noch schlimmer, denn die Nationalsozialisten verschärften 1935 die Gesetzgebung. Die endgültige Abschaffung des sogenannten Schwulenparagrafen 1994 wäre für ihn sicherlich eine große Genugtuung gewesen. Den älteren Bewohnern von Torbole bleibt der Maler und Zeichner aus Berlin in guter Erinnerung, er war es nämlich, der die Deutsche Wehrmacht überzeugen konnte, Torbole nicht von Bomben zerstören zu lassen. 1955 starb er in Torbole und ist auf dem örtlichen Friedhof begraben.

‹ In Torbole wurde eine Gedenktafel für Hans Lietzmann, den »Maler aus Berlin« angebracht.

8

MART

Eine Ikone moderner italienischer Architektur

Für den Tessiner Architekten Mario Botta war es eine große Herausforderung, als er 1987 den Auftrag erhielt, das Museo di arte moderna e contemporanea (Mart) in Rovereto zu gestalten, denn das Bauwerk sollte in der historischen Via Bettini hinter zwei denkmalgeschützten Palazzi realisiert werden. Er löste das Problem auf bewundernswerte Weise, indem er einen – wie er selbst sagte – »Pantheon ohne Fassade« schuf. Den Eingangsbereich bildet eine imposante Glaskuppel in 25 Meter Höhe und mit einem Durchmesser von 40 Metern, die darunter Platz für 1200 Besucher bietet. Die Hälfte des 12 000 Quadratmeter großen Neubaus ist den Ausstellungsräumen gewidmet, wobei der erste Stock für die wechselnden Ausstellungen konzipiert ist, der zweite für Dauerausstellungen.

Federführend für die Verwirklichung dieses ehrgeizigen Museumsprojekts war von Beginn der Planung 1989 bis zur Eröffnung 2002 die Kunsthistorikerin und damalige Direktorin Gabriella Belli. Die engagierte Dame überzeugte Landes- und Kommunalpolitiker von der enorm wichtigen Bedeutung des Museums für die Stadt und sorgte dafür, dass Rovereto in der internationalen Kunstszene Beachtung zuteilwurde. Bei ihrer Eröffnungsrede 2002 dachte sie, als sie von der kulturellen Bedeutung für die Stadt sprach, sicherlich nicht an Mozarts erstes Konzert 1769 oder Goethes Besuch 1786, sondern vielmehr daran, dass bereits 1783 in dem damals 6000 Einwohner zählenden Ort ein Theater gebaut wurde, das so groß war wie das von Petersburg.

Noch wichtiger war für sie in diesem Zusammenhang Fortunato Depero, ein Bürger Roveretos und ein bedeutender Vorreiter des Futurismus'. Deperos Kunst war für die Einwohner der Kleinstadt avantgardistisch und für die damalige Zeit wenig gebrauchsfreundlich. Unter unzähligen anderen Gegenständen designte Depero 1932 die kleinen Campari-Soda-Fläschchen, die heute noch so en vogue sind wie damals.

1959, ein Jahr vor seinem Tod, erfüllte sich der weltberühmte Künstler einen lang gehegten Wunsch: Er eröffnete in seiner Heimatstadt die Galleria Museo Depero, das erste futuristische Museum Italiens. Gabriella Belli machte sich dafür stark, das Kunsthaus Depero wieder zu restaurieren und der Öffentlichkeit zugänglich zu machen. Es wurde 2009 eröffnet und ist Teil des Mart. 2011 wurde Gabriella Belli nach Venedig berufen als Direktorin der Fondazione Musei Civici di Venezia, einer Stiftung, die für die wichtigsten Museen Venedigs zuständig ist. Seit dem 1. Juni 2015 ist der Kunsthistoriker Gianfranco Maraniello der neue Direktor des Museums für Moderne und Zeitgenössische Kunst.

9

MARZEMINO UND MEHR

Genussvolle Welt der wenig bekannten Vallagarina

Rovereto ist die Hauptstadt der Vallagarina. Stadt und Region waren stets ein Schnittpunkt zwischen italienischer und deutscher Kultur und zugleich eine harmonische Verbindung zwischen der Höhe und der Ebene. Die Vallagarina erstreckt sich von Rovereto nach Westen bis ins Val di Gresta, ein Mustergebiet für Biogemüseanbau. Südlich reicht das Tal entlang der Etsch bis nach Avio. Dieser Teil war in den vergangenen Jahrhunderten heiß umkämpft, wovon noch die zahlreichen Festungen und Burgruinen zeugen.

Dank der Liebe des jungen Mozarts zum Rotwein der Region kennen die meisten Weinliebhaber die Rebsorte Marzemino, die hier in der Vallagarina angebaut wird. Weil dieser ihm so mundete, ließ Mozart in seiner Oper *Don Giovanni* eine Lobeshymne auf ihn singen. In der Vallagarina gibt es mittlerweile viele Winzer, die neben der heimischen Rebsorte Marzemino hochwertigem Spumante, *Metodo classico*, also mit Flaschengärung, ihre Aufmerksamkeit widmen. Das Klima bietet nämlich beste Voraussetzungen für den Anbau von Chardonnay und Pinot Nero, den idealen Rebsorten für Schaumweine. Für Freunde der noblen Prickler ein empfehlenswertes Ausflugsgebiet, denn die Kellereien freuen sich auf einen Besuch und die Preise sind für diese Qualität moderat.

In der Casa del Vino in Isera haben sich unter Federführung von Marchese Guerrieri Gonzaga, Besitzer des international berühmten Weinguts Tenuta San Leonardo, die Winzer der Vallagarina zu einem Verband zusammengeschlossen. Im stilvoll renovierten Palazzo di Probizer kann man in heimeligen Gasträumen oder auf der Terrasse mit herrlichem Blick auf Rovereto alle Weine und Schaumweine der hiesigen Winzer genießen, auch glasweise. Luca Bini, Geschäftsführer der sympathischen Enoteca, hat für seine Gäste einen Katalog zusammengestellt, in dem die Produzenten mit Adresse vorgestellt werden, falls man die Kellereien besuchen möchte.

Wein erwartet man in dieser Region – aber Bier? Brauereien haben zwar noch keine lange Tradition, sind aber absolut einen Besuch wert. Zum Beispiel die Minibrauerei Plotegher in Besenello, gegründet von Matteo und Stefano Plotegher. Nach 20 Jahren des Experimentierens brachten die Brüder ihr erstes handwerklich hergestelltes Bier nach alten Rezepten ihrer Vorfahren auf den Markt und eröffneten 2015 eine kleine Brauerei in dem Dorf unter der Burg Beseno. Das Flaggschiff ist die Marke Valkirija Trentino, ein naturbelassenes Bier, das weder gefiltert noch pasteurisiert ist.

Einen anderen Weg beschritten Agostino Arioli, Bierbraumeister, Matteo Marzari, Önologe des Weinguts de Tarczal, und Andrea Moser, ehemaliger Önologe der Kellerei Kaltern. Sie entwickelten eine Mischung aus Bier und Wein! Dazu brauen sie ein Bier, das mit Trestern und Most vermischt in Barriquefässern reift, in denen zuvor Merlot oder Pinot Nero ausgebaut wurden. Einige Sorten werden auch prickelnd wie Spumante hergestellt. Für alle Neugierigen: Die Brauerei heißt Klanbarrique und befindet sich in der Nähe der Burg von Rovereto. In dem kleinen Lokal Taproom kann man das Bier und andere Spezialitäten verkosten und mehr über diese interessante Novität erfahren.

10

MOZART

Mozarts Freundschaft mit G. A. Bridi aus Rovereto

1769 reiste Leopold Mozart mit seinem Wunderknaben Wolfgang Amadeus nach Italien, um ihn in den dortigen Adels- und Musikkreisen bekannt zu machen. Da Vater Leopold Freunde im Trentino hatte, das damals zu Habsburg gehörte, beschloss er, das erste Konzert seines Sprösslings in Rovereto zu geben, einer Stadt, die durch die Seidenindustrie zu Wohlstand gekommen war. In der Villa Todeschi begeisterte am 25. Dezember 1769 der Dreizehnjährige die noble Gesellschaft. Auch Giuseppe Antonio Bridi, Sohn eines Seidenindustriellen, war unter den Zuhörern, er war erst sechs Jahre alt und ganz ergriffen von Mozarts Musikalität. Als Bridi 18 war, schickte ihn sein Vater nach Wien, um dort seine Bank zu leiten, was der junge Mann sehr erfolgreich tat. Nebenbei studierte er

Musik und machte die Bekanntschaft mit Wolfgang Amadeus Mozart, der zwischen 1781 und 1786 in Wien lebte. Es entwickelte sich eine Männerfreundschaft! Als Bridi wieder nach Rovereto zurückkehrte, kaufte er am Stadtrand ein weitläufiges Grundstück, baute sich eine prachtvolle Villa und ließ einen Garten nach englischem Vorbild gestalten. Auf einer Anhöhe errichtete der Architekt Pietro Andreis einen Rundtempel auf toskanischen Säulen, den Bridi den Tempel der Harmonie nannte. Den Park widmete er Musikern, die er besonders verehrte, unter anderem Haydn, Händel, Gluck und allen voran seinem Freund Mozart – für ihn der Gott der Musik, der Größte unter den Großen. Bridi kümmerte sich auch nach dessen Tod um seine Ehefrau und den Sohn Karl, da der große Musiker keine Besitztümer hinterließ.

Als stetes Andenken an seinen Freund errichtete er in einer Grotte aus Tuffstein eine Marmorurne mit einer Gedenktafel, auf der eingraviert steht: »Signore dell'anima per la forza della melodia del pensiero« (Herr der Seele für die Stärke der Melodie und des Denkens). Es war die erste Mozart-Gedenktafel der Welt und das imaginäre Grabmal des Komponisten. Ähnlich erging es auch Giuseppe Antonio Bridi, der an Cholera erkrankte und wahrscheinlich in einem Massengrab liegt statt in der Familiengruft auf dem Parkgelände.

Da er keine Nachkommen hatte, stiftete er sein Vermögen für wohltätige Zwecke. Während des Ersten Weltkriegs wurden Villa und Park erheblich beschädigt und erst in den Zwanzigerjahren von der Adelsfamilie de Probizer renoviert. Zu bestaunen sind neben der Gedenktafel für Mozart auch eine neogotische Kirche mit einem Fresko von Domenico Udine (1831) und das Altarbild *Madonna mit dem Kind* von Giuseppe Crafonara sowie eine künstliche Burgruine, umgeben von hundertjährigen Zypressen. Im Giardino di Bridi de Probizer errichteten die Spanierin Elisabeth und Giuseppe aus Rovereto, beide frühere Weltenbummler, in einer renovierten, antiken Limonaia ein ansprechendes B&B mit drei Suiten. In dem romantischen Park organisieren sie private Feste, Hochzeiten und Konzerte. Er ist auch zu besichtigen – auf Nachfrage mit deutschsprachiger Führung (www.relaismozart.it).

11

NATURSCHAUSPIEL WASSERFALL

Könige, Kaiser und Poeten waren begeistert

Fast alle Einwohner des Städtchens Riva del Garda waren auf den Beinen, als am 20. Juni 1874 der faszinierende Varone-Wasserfall eingeweiht wurde. Das Ereignis wurde getoppt durch die Anwesenheit von Prinz Nikola von Montenegro, der zufällig am Nordufer des Gardasees Urlaub machte und sich bereit erklärte, die Patenschaft für die Eröffnung zu übernehmen. Er war der Erste einer langen Reihe berühmter Persönlichkeiten, die sich während ihres Aufenthalts in den damaligen Urlaubs-Hotspots Riva del Garda und Arco den zischenden Wasserfall ansahen. Eine Sensation für die Bevölkerung und eine große Ehre für den Ort war der Besuch des italienischen Thronfolgers von König Umberto II. Der damals gerade mal 20 Jahre alte Vittorio Emanuele III. besichtigte in Begleitung des ortsansässigen Militärs das Naturspektakel. Auch Kaiser Franz Josef von Habsburg, Herrscher der K.-u.-k.-Monarchie, verbrachte seine Urlaube bevorzugt in seinem Palais im mondänen Kurort Arco und war ein willkommener Gast beim damaligen Besitzer des Varone-Wasserfalls, Signor Piero Bozzini.

Die Dichter Franz Kafka und Max Brod sahen sich mehrmals das zischende Wasserspektakel an, aber am meisten beeindruckt hat der Anblick des mit lautem Getöse in die Tiefe stürzenden Wassers Thomas Mann. Der große deutsche Schriftsteller, der Anfang des 20. Jahrhunderts mehrmals nach Riva kam, besuchte den Wasserfall 1901. Vermutlich hat er dieses Ereignis so tief in seinen Gedanken verankert, dass er es 20 Jahre später in seinen berühmten Roman *Der Zauberberg* (1924) eingearbeitet hat. Folgende Zeilen, die von einem Ausflug im Flüelatal handeln, erinnern doch sehr an das Naturschauspiel in Varone: »Die Besucher waren dicht herangetreten auf schlüpfrigem Felsengrunde und betrachteten, feucht angeatmet und angesprüht, in Wasserdunst eingehüllt, die Ohren überfüllt und dicht verpolstert vom Lärm, dazu Blicke tauschend und mit verschüchtertem Lächeln die Köpfe schüttelnd, das Schauspiel, diese Dauerkatastrophe aus Schaum und Geschmetter, deren irres und übermäßiges Brausen sie betäubte, ihnen Furcht erregte und Gehörstäuschungen verursachte. Man glaubte hinter sich, über sich, von allen Seiten drohende und warnende Rufe zu hören, Posaunen und rohe Männerstimmen.«

12

PEPERONCINO

Unten reifen Weine – oben die Scharfmacher

Für Maurizio Zanghielli aus Rovereto, der sich seit über 40 Jahren für die kleinen Scharfmacher interessiert, sind Peperoncini wie »Rockmusik«, deshalb wählte er auch ein Logo, das an die Rolling Stones erinnert! Auf seinen zahlreichen Reisen durch Peru und Indien entdeckte er die Liebe zur scharfen Küche, allen voran für die unterschiedlichen Peperoncini-Sorten. An die 800 verschiedene gibt es weltweit und alle duften und schmecken ein wenig anders. Manche sind extrem scharf, einige angenehm fruchtig, andere wiederum sind pikant oder duften nach Zitrusfrüchten.

› Maurizio Zanghielli baut in Mori über 30 verschiedene Sorten Biopeperoncini an.

Eine seiner Anbauflächen befindet sich auf der größten unterirdischen europäischen Cantina Mori Colli Zugna im kleinen Dorf Mori. Bei einem Glas Wein auf der Terrasse vor der modernen Kellerei kann man sehen, wie die biologische Peperoncini-Zucht auf dem Dach gedeiht. Nach einem abwechslungsreichen Arbeitsleben, unter anderem als letzter Lokführer einer Dampflok der trentinischen Eisenbahn, beschloss Signor Zanghielli 2014, seine Leidenschaft mehr und mehr beruflich zu nutzen. Er entdeckte Felder, die nicht mehr genutzt wurden, und fragte die Besitzer, ob er darauf seine Peperoncini anpflanzen dürfte. Dem Direktor der Kellerei in Mori, Luciano Tranquillini, gefiel seine Idee so gut, dass er ihm spontan einen Teil des Daches zur Verfügung stellte. Nicht nur die kleine Plantage dort, auch die anderen etwa 6000 Quadratmeter werden rein biologisch bearbeitet.

Neben der Schönheit der Pflanzen und den unterschiedlichen, faszinierenden Aromen der Früchte sind die kleinen Scharfmacher auch unglaublich gesund. Man kann sie als Heilmittel bezeichnen, denn sie sind reich an Antioxidantien, reinigen das Blut, unterstützen die Senkung des Cholesterinspiegels und enthalten, roh verzehrt, reichlich Vitamin C!

Über 30 verschiedene Sorten baut er an. Aus den Samen zieht er in einer biologisch geführten Gärtnerei kleine Pflanzen, die dann Anfang Juni auf die Felder oder aufs Dach kommen. Das Schöne an Peperoncini-Pflanzen ist, dass sie gleichzeitig blühen und Früchte tragen. Anfangs sind alle Sorten zartgrün, sobald sie reif werden, verfärben sie sich rötlich. Die Bandbreite der Rottöne reicht von Orange über Knallrot bis hin zu Violett oder Schwarzbraun. Normalerweise beginnt die Erntezeit Ende Juli und dauert bis Ende Oktober.

Mittlerweile hat Signor Zanghelli einige Partner gefunden, die seine Biopeperoncini verarbeiten. So werden einige Sorten schonend bei maximal 34 Grad getrocknet und dann geschrotet oder zu Pulver vermahlen. Er lässt pikante und süßsaure Salsas herstellen oder eine Spezialität mit dem Namen Mostarda bastarda, bestehend aus vier verschiedenen Peperoncini, klein geschnitten und in Sirup eingelegt. Caseificio di Sabbianora, eine Käserei in Avio, arbeitet daran, einen Käse mit Peperoncino biologico herzustellen, und natürlich gibt es eine Peperoncino-Schokolade, die Cisa produziert, eine Schokoladenfirma in Rovereto. Agraria di Riva, berühmt für exzellentes Olivenöl, stellt bereits ein Peperoncino-Olivenöl her. Aber nicht einfach aromatisiert, nein, die frisch geernteten Oliven werden gemeinsam mit den frisch geernteten Peperoncini gepresst, nur so entsteht ein einzigartiges Aroma.

Maurizio Zanghielli arbeitet eng mit Köchen und der Hotelfachschule in Rovereto zusammen und ist stets im engen Kontakt mit Ärzten, um noch mehr über die Heilkraft seiner Scharfmacher zu erfahren. Eine Auswahl der pikanten Produkte gibt es im Shop der Cantina in Mori bei Agraria Riva, und wer mehr wissen möchte, schaut auf die Website www.peperoncinotrentino.it.

13

PERLÈR & ORA

Surfer wissen, woher der Wind weht ...

Richtig leidenschaftliche Surfer stehen – auch wenn es abends in der Disco länger wurde – früh auf, denn in den Morgenstunden bläst der Perlèr, und der garantiert höchste Windgeschwindigkeiten und hohe Wellen. In der Surfersprache heißt das »er knackt die Wellen«, auf Italienisch *pelare*, daher auch der Name Perlèr. Der Wind beginnt so gegen zwei oder drei Uhr nachts und weht dann vom Land her über den See hinweg bis gegen Mittag. Am intensivsten spürt man die Windstärke bei Torbole, nicht umsonst ist der quirlige Touristenort *das* Eldorado für Surfer. Landläufig ist der Perlèr auch als Gute-Wetter-Wind bekannt.

Langschläfer müssen aber nicht traurig sein, denn ab Mittag wechselt die Windrichtung, die Ora beginnt zu wehen, und das ziemlich kontinuierlich bis zum Sonnenuntergang. Ein weiterer Vorteil der Ora: Sie bewegt sich vom See auf das Ufer zu – günstig für jene, die das Surfbrett noch nicht so ganz beherrschen.
In den Sommermonaten bläst die Ora wesentlich stärker als im Winter. Passionierte Surfer bevölkern das Ufer des nördlichen Gardasees aber nicht nur in dieser Jahreszeit, sondern gern auch im Herbst oder sogar im Winter, dann kommt nämlich der Wind, *Vento da balim* oder Balinot genannt, vom Ballinopass im Nordwesten Rivas. Er ist beständig und stark und entsteht hauptsächlich in der kalten Jahreszeit. Nicht selten ruft er Schneefälle oder Gewitter hervor, aber eingefleischte Surfer stört das weniger, sie schützen sich mit einem wärmenden Neoprenanzug.

Aus dem Ledrotal wiederum kommt ein periodischer Wind, der ziemlich frisch ist und an manchen Tagen sogar die Ostküste erreicht. Manchmal vermischt er sich mit dem Perlèr und bringt heftige Sommergewitter mit, die zu gefährlichen Situationen für Wassersportler führen können. Beliebt bei Surfern ist auch die Vinessa, ein Wind, der vom Veneto hinüber Richtung Lombardei weht und vor allem durch seine Beständigkeit erfreut. Irgendeiner der Winde bläst an der Nordküste des Gardasees eigentlich immer, wer also windempfindlich ist, sollte diesen Teil des Sees besser meiden.

14

PFAHLBAUTEN

Ruhig, aber von Langeweile keine Spur

Wie so oft ist auch die Entdeckung der Pfahlbausiedlung am Ledrosee dem Zufall zu verdanken. Als 1929 für das Kraftwerk von Riva del Garda der See angezapft wurde, sank der Wasserspiegel beträchtlich und es kamen Pfähle zum Vorschein, die man anfangs für eine Schutzanlage hielt. Herbeigerufene Archäologen begannen sofort mit den Ausgrabungen und brachten zahlreiche Funde aus der Bronzezeit ans Tageslicht. Anschließend stieg der Wasserstand wieder und die freigelegten Ausgrabungen wurden erneut überschwemmt. Erst nach dem heißen Sommer im Jahre 1936, als der See wieder einen sehr tiefen Wasserstand hatte, begann man, die archäologische Arbeit fortzusetzen. Heute weiß man, dass diese Pfahlbauten zu den bedeutendsten Ansiedlungen der Bronzezeit in Italien gehören, zu Recht sind sie Weltkulturerbe geworden. Zu besichtigen sind drei nachgebaute Hütten, in denen man einen guten Einblick in das Leben vor 4000 Jahren bekommt.

Nicht ganz so alt, aber auch am Ledrosee ist eine Apotheke, die heute ein Museum ist. Die Geschichte dieser Apotheke in Pieve beginnt im 16. Jahrhundert, und seit dem 19. Jahrhundert ist die Pharmazie in Besitz der Familie Foletto. Das Wissen um die Flora und deren medizinische Wirkung war Anfang des 19. Jahrhunderts voll im Trend und eine wichtige wirtschaftliche Grundlage für Pharmazeuten. Angelo Foletto sammelte im Val di Ledro die seltenen Pflanzen und analysierte sie gemeinsam mit dem Botaniker Carl Gabriel Baenitz. Er errichtete ein Herbarium, das wie durch ein Wunder den Ersten Weltkrieg überstand. Die Aufzeichnungen sind eine einmalige Dokumentation der damals existierenden Pflanzenarten, die heute kaum noch zu finden sind. Dieses und vieles

Interessante mehr aus der Welt der Pharmazie kann man im Museum Foletto besichtigen. Obwohl Apotheker Foletto heute immer noch einige Tinkturen, Salben und Sirupe selbst zubereitet, hat er nun eine moderne Apotheke gleich ums Eck. Gefragt bei Einheimischen und Touristen sind zudem seine traditionellen Destillate, die im Keller des Museums hergestellt werden. Neben dem knallroten, über sechzigprozentigen Picco Rosso, der seine Farbe reifen Himbeeren und anderen Waldfrüchten verdankt, wird auch ein heilsamer und verdauungsunterstützender Magenbitter produziert.

Der Weg von Riva del Garda zum Lago di Ledro lohnt sich aber nicht nur wegen der spannenden Entdeckungen, die man dort machen kann, der See selbst ist die etwa 20 Minuten wert, die man benötigt, um dorthin zu kommen. Mit seiner Fläche von gut zwei Quadratkilometern und einem beständigen Wind ist er auch bei Surfern sehr beliebt. Zudem sind die Strände nicht so überlaufen wie am Gardasee und die Preise in den Trattorien um einiges moderater.

15

POLENTA

Die Pasta des Nordens

Im Trentino war Polenta jahrhundertelang *das* Grundnahrungsmittel, das die Bevölkerung vor dem Verhungern bewahrte. Bis heute lieben die Trentiner ihre Polenta am liebsten kompakt und grobkörnig. Die Beurteilung der Küche einer Trattoria hängt wesentlich davon ab, wie gut oder schlecht die Polenta ist. Es war Mitte des 17. Jahrhunderts, als Mais, der damals *Granoturco*, also türkisches Korn, hieß, in Italien zum ersten Mal angebaut wurde. Während sich die Süditaliener nicht mit der Polenta anfreunden konnten, mochten die Norditaliener den dicken Maisbrei sehr, weshalb sie die Süditaliener *Polentoni* nannten. Für die Trentiner kommt das beste Maismehl aus Storo, einem Ort im Valle del Chiese. Das Dorf ist Verkehrsknotenpunkt zwischen dem Val di Ledro und dem oberen Gardaseegebiet direkt an der Grenze zur Lombardei. Hier bewirtschafteten die Bauern seit jeher weitläufige Maisfelder. Das änderte sich erst, als in den Sechzigerjahren die Metallindustrie den Menschen lukrativere Arbeit bot. Mais geriet in Vergessenheit und wurde nur noch für den Hausgebrauch angebaut.

1991 kamen dann 36 Bauern auf die Idee, Mais erneut zu kultivieren und gemeinsam zu vermarkten. Sie gründeten die Cooperativa Agri 90, die sich um die Ernte, Verarbeitung und Vermarktung von Mais kümmert und auch dafür sorgte, dass Mais aus Storo mittlerweile in ganz Italien sehr gefragt ist. Ein großer Vorteil für die Genossenschaft ist, dass diese besondere Maissorte nur auf den kargen Böden der Hochebene gedeiht. Der Ertrag ist zwar gering, dafür aber das Aroma unglaublich intensiv. Man erkennt Mais aus Storo sofort an der rötlichen Farbe und der groben Körnung. Mittlerweile werden auf den Feldern rund um den Ort auch kleine Beerenfrüchte angebaut, die bei den Verbrauchern wegen ihres noch ursprünglichen Geschmacks begehrt sind. Die Genossenschaft Agri 90 vermarktet sie frisch, als Konfitüre oder als Säfte.

In der Gelateria Centrale in Storo, die 2012 ihr hundertjähriges Bestehen feierte, hat vor weit über zehn Jahren die damalige Betreiberin Elena Baratella ein *Gelato* aus Polentamehl entwickelt. Das Rezept für das wohl einzige Polenta-Eis weltweit durfte auch vom derzeitigen Besitzer Mattia Beltrami nicht verändert werden. Obwohl, ein wenig Vanille- oder Orangenaroma würde dem etwas ungewöhnlichen, aber durchaus leckeren Eis gut stehen.

Für einen echten Trentiner *Polentono* schmeckt der Maisbrei am besten, wenn er in einer typischen *Palvolo di rame*, im Dialekt *Parol,* also in einer Kupferschüssel mit rundem Boden, in knapp einer Stunde unter ständigem Rühren zubereitet wird. Übrigens, die Polenta im Veneto unterscheidet sich erheblich von der trentinischen, sie ist hellgelb und cremig und erinnert optisch an ein Kartoffelpüree.

16

RILKE

Des Dichters große Liebe zu Arco

Ende des 19. und Anfang des 20. Jahrhunderts traf sich die noble Gesellschaft aus aller Welt im Städtchen Arco, sechs Kilometer vom Gardaseeufer entfernt. Man kurte mit oder ohne Kurschatten, man besuchte Modeärzte, die Kuren, Bäder, Spaziergänge an der frischen Luft und *dolce far niente* verschrieben. Auch Erzherzog Albrecht bevorzugte es, mit seinem Gefolge die kalten Wintertage nicht in Wien zu verbringen, sondern in seiner Residenz im mondänen Arco.

In der Villa Florida, die es heute noch gibt, aber nicht zu besichtigen ist, logierte Sophie »Phia« Rilke, die getrennt von ihrem Mann lebte, der ihr den erhofften Luxus nicht bieten konnte. Ihr Sohn René Maria, ein junger, hoffnungsvoller Dichter, besuchte sie zum ersten Mal im Frühling 1897. Mutter Sophie setzte große Hoffnungen in die schriftstellerische Arbeit ihres Sohnes, der damals bereits einen Namen in der zeitgenössischen Literatur hatte. Er selbst war gesundheitlich ein wenig angeschlagen und nutzte diese zwei Wochen im März, um sich im milden Klima zu erholen. Bei diesem Aufenthalt schrieb er am 19. März an seine Freundin Mathilde Goudstikker in einem Brief, »ich habe auf den Wanderungen … so viel innerlichen Genuß gefunden, daß schöns Erinnern in mir fortrankt«. Sie war aber nicht die Einzige, die er während seines relativ kurzen Lebens mit seiner Poesie beglückte, der sensible Dichter war den schönen Damen stets zugetan und nicht für ein Familienleben geschaffen, wie die 16 Monate dauernde Ehe mit der Bildhauerin und Malerin Clara Westhoff zeigt.

‹ Rilke liebte den Ausblick von der Burg Arco. Heute ist Arco eins der beliebtesten Klettergebiete in Norditalien.

Während seiner Aufenthalte, er besuchte seine kränkelnde Mutter mehrmals, war er stets zu Fuß unterwegs, mal zu den Mühlen, mal zum Kirchlein San Paolo, das wie ein Schwalbennest an der Felswand klebt, und dann zog es ihn immer wieder hinauf zur Burg Arco. Es war eine seiner Lieblingstouren und er schwärmte vom schönen Ausblick, der sich ihm bot. Auf seinen ausgedehnten Wanderungen sammelte er Eindrücke, die in seinen frühen Werken Eingang fanden. Literaturfreunde von Arco kamen auf die Idee, eine Rilke-Promenade zu gestalten, die sich jedoch nicht als einzige Wanderung versteht. An jeder der elf Stationen, die man einzeln besuchen kann, stehen Gedichte von Rainer Maria Rilke, die ihm – so vermutet man – dort in den Sinn kamen.

17

VINO SANTO

Ostern – Zeit für den Heiligen Wein

Jedes Jahr in der Karwoche ist es wieder so weit, der Vino Santo wird nach einem etwa sechsmonatigen *L'appassimento* (Trocknungsphase) gepresst. Der Trentino DOC Vino Santo ist ein exquisiter Süßwein und eine Rarität, die nur noch von wenigen Winzern im Valle dei Laghi produziert wird. Slow Food hat dem Wein die Auszeichnung »Presidio Slow Food« verliehen. *Presido* bedeutet Schutzraum und ist ein Netzwerk für alle, die sich für den Erhalt rarer Lebensmittel, Tierrassen und Kulturlandschaften engagieren. Die Anerkennung wird ausschließlich ökologisch und qualitativ hochwertigen Lebensmitteln zuteil mit dem Ziel, biologische Vielfalt und lokale Ökosysteme zu erhalten sowie regionale Traditionen zu fördern.

Im wunderschönen Tal zwischen Trento und dem Gardasee gedeiht die Rebsorte Nosiola, aus der ein frischer, süffiger Weißwein gekeltert wird, der beliebte Hauswein der Trentiner. Die besten Trauben werden im Spätherbst geerntet und auf Holz- oder Metallrosten – sogenannten *Arèle* – bis zur Karwoche in luftigen Speichern vom Wind des Gardasees getrocknet. Dabei verlieren die Trauben etwa ein Drittel ihres Gewichts und es entwickelt sich Botrytis, ein edler Schimmelpilz, der dem Wein seinen typischen Charakter verleiht. In der Karwoche werden die getrockneten, rosinenähnlichen Trauben dann gepresst. Der wenige, kostbare Saft kommt in kleine Holzfässer, wo er langsam vergärt und anschließend noch mindestens vier Jahre reift, bevor er in Flaschen abgefüllt werden darf. Die meisten Winzer lassen den Vino Santo aber viel länger, meist zwischen sieben bis zehn Jahre, im Holzfass, bevor er in den Verkauf kommt.

Traditionell trifft sich die Weinbrüderschaft in historischen Gewändern stets bei einem der Winzer, um mithilfe einer alten Holzpresse den Trauben den aromatischen Saft zu entlocken. Aus 100 Kilogramm Trauben bleiben nach der aufwendigen Pressung und langjährigen Reifung etwa 15 bis 18 Liter Vino Santo übrig. Die Farbe des Süßweins ist goldgelb und der Duft erinnert an Honig, getrocknete Feigen, Datteln und exotische Früchte. Eine angenehm kräftige Säure verleiht dem begehrten Wein Raffinesse.

Vino Santo ist ein klassischer Meditationswein, aber auch eine optimale Begleitung zu einem würzigen Blauschimmelkäse. Im Trentino reicht man ihn gern zur traditionellen *Torta fregalotta,* einem knusprigen Kuchen mit vielen Nüssen. Nicht zu verwechseln ist der Vino Santo mit dem Vin Santo, der in der Toskana vorwiegend aus angetrockneten Trebbiano-Trauben hergestellt wird. Nebenbei bemerkt, auch wenn es so gut klingt, der Name Vino Santo bedeutet nicht »Heiliger Wein«, sondern leitet sich von der griechischen Insel Santorin ab, wo in der Antike die berühmtesten Süßweine entstanden.

Diese sechs Winzer produzieren Vino Santo DOC Presidio Slow Food: Marco e Stefano Pisoni (Pergolese), Maxentia (Santa Massenza), Francesco Poli (Santa Massenza), Giovanni Poli (Santa Massenza), Gino Pedrotti (Cavedine, Pravis Lasino).

18

WASSERKRAFTWERK

Wo die Anreise schon Teil des Urlaubs wird

Wenn sich wieder einmal die Blechlawine in Richtung Gardasee schleppend vorwärts bewegt, ist die Ausfahrt Trento Nord ein heißer Tipp! Die Straße durch das reizende Valle dei Laghi macht die Anreise bereits zu einem Teil des Urlaubs. Noch vor einigen Jahren war es wesentlich einfacher, da gab es die Ausfahrt Trento Centro, die nun leider seit einiger Zeit gesperrt ist, warum und wie lange, weiß keiner so genau. Sobald man die trentinische Hauptstadt hinter sich gelassen hat, gelangt man nach wenigen kurvenreichen Kilometern in ein romantisches Tal, in dem sich See an See wie an einer Perlenkette aneinanderreihen. Ehrlich gesagt ist das Wort »See« ein wenig übertrieben, so klein sind sie, aber sie schmiegen sich alle an sanfte Weinhügel und verleihen dem Tal einen ganz besonderen Charme. Das erste größere Gewässer ist der Minisee Santa Massenza mit dem gleichnamigen Dörfchen, das bekannt ist für viele kleine Grappa-Brennereien. Es sind alles Familienbetriebe, die nicht nur die Leidenschaft zum Grappa vereint, sondern auch der Name ... Fast alle heißen »Poli«.

Technikinteressierte oder Familien mit Kindern dürfen keinesfalls versäumen, das Wasserkraftwerk Idroelettrica Santa Massenza zu besichtigen. Das in den Zwanzigerjahren des vergangenen Jahrhunderts direkt am Seeufer errichtete Jugendstilbauwerk ist ein Meisterwerk modernster Technik und Architektur. Der Architekt des *Vittoriale degli Italiani* von D'Annunzio, Giancarlo Maroni, plante dieses Bauwerk, das von 8000 Arbeitern errichtet wurde und der damals von Abwanderung betroffenen Region zu neuem Aufschwung verhalf. Gleich nach der Fertigstellung galt es als leistungsstärkste Anlage in ganz Europa. Vom zehn Kilometer entfernten und

500 Meter höher gelegenen Ledrosee stürzt das Wasser über ein unterirdisches Stollensystem in die Rohre des Kraftwerks. Heute werden immer noch etwa 80 Millionen Kilowattstunden Strom erzeugt, die Haushalte in ganz Norditalien versorgen. Und nach wie vor sind Ingenieure und Technikfreaks aus aller Welt von diesem monumentalen Kraftwerk beeindruckt, denn es ist architektonisch wie auch historisch einzigartig und ein absolutes Meisterstück an Ingenieurskunst. Bei den etwa zweistündigen Führungen legt man viel Wert darauf, die komplizierten Vorgänge der Gewinnung grüner Energie verständlich zu erklären.

Die Weiterfahrt bis zur Nordküste des Sees gestaltet sich abwechslungsreich und verlockt zu so manchem Stopp. Neben den prachtvollen Burgen, allen voran das Wasserschloss Toblino gleich nach Santa Massenza, ist auch die jahrhundertealte Steineiche im Dorf Sarche mit fünfeinhalb Meter Durchmesser und einer Höhe von 25 Metern beachtenswert. Einzigartig im gesamten Alpenraum sind auch die Marocche, ein durch Gletschererosionen entstandenes Trümmerfeld mit 180 Kubikmeter mächtigen Steinblöcken. Darüber thront, als müsste sie diese Steinwüste bewachen, die Festung Castel Drena. Das Valle dei Laghi ist zudem ein sehr fruchtbares Tal, deshalb gibt es für den Gaumen je nach Jahreszeit leckere Früchte zu probieren wie die sensationell aromatischen, ursprungsgeschützten (DOP) Zwetschgen von Dro.

II
DAS ÖST-
LICHE,
VENEZIA-
NISCHE
SEEUFER

Abendausklang an der Punta San Vigilio

19

ADIGE – ETSCH

Die Adige, ein von Geschichte geprägter Flusslauf

Die Etsch oder italienisch Adige ist mit ihren 415 Kilometern der zweitlängste Fluss Italiens nach dem Po. Sie entspringt nahe dem Reschensee in Südtirol, fließt dann vorbei an Meran und Bozen bis zur Salurner Klause, ab da beginnt die Provinz Trentino. Spricht man vom Etschtal, denkt jeder sofort an das von Weinhügeln gesäumte Gebiet in Südtirol, das Tal erstreckt sich jedoch zu einem großen Teil auch durch Trentino und Veneto und heißt hier das Tal Valadige.

Die Adige prägte die Städte Trento, Rovereto und ganz besonders Verona. Wie sehr der Fluss geschätzt wird, zeigt, dass die Trentiner Tageszeitung *L'Adige* heißt. Die Stadt Roverto, früher berühmt und geschätzt wegen der florierenden Seidenindustrie, hatte jahrhundertelang einen für das ganze Tal wichtigen Flößereihafen, der sich im heutigen Stadtteil Borgo Sacco befand. Einige Familien haben sich damals zusammengeschlossen und eine Vereinigung für Flößer gegründet. Das war seinerzeit ein lukratives Geschäft, da sie eine Monopolstellung innehatten und für den Handel auf dem Fluss einträgliche Zölle verlangten. Eine dieser Familien waren die Grafen Fedrigotti, deren Palais in Borgo Sacco heute noch zu sehen ist.

Welche Bedeutung der Flusslauf in früheren Zeiten hatte, sieht man an den zahlreichen Festungen, die über dem Etschtal thronen und nicht nur das Tal, sondern vor allem auch die Schifffahrt unter Kontrolle hatten. Die größte Befestigungsanlage – sie umfasst eine Fläche von mehr als eineinhalb Hektar – ist das Castel Beseno, das man von der Autobahn aus gut sehen kann. Eine der ältesten und bekanntesten Burgen ist die Burg Sabbionara d'Avio. Faszinierend auf dem Monte Vignola gelegen, war sie ein wichtiger Militärstützpunkt und dominierte das Tal bis fast nach Verona. Das Forte Rivoli, ein österreich-ungarischer Militärstützpunkt, hieß bis 1881 Forte Wohlgemuth und liegt auf dem 227 Meter hohen Monte Castello auf der rechten Adige-Seite. Heute gehört Rivoli Veronese zur Provinz Verona.

Diese und noch viele andere Burgen und Burgruinen machen deutlich, dass die Adige von Trento bis Verona eine schlimme kriegerische Zeit hinter sich hat. Wie schön ist es hingegen, heute diesem teilweise noch natürlichen Flusslauf zu folgen, sei es mit dem Fahrrad oder direkt auf dem Fluss. Die sechste Etappe des Etschtalradwegs, der streckengleich mit der Via Claudia Augusta ist, führt von Trento nach Verona, vorbei an reizenden Dörfern und von Weinreben geprägten, sanften Hügeln. Von Borghetto di Avio bis Pescantina ist der Fluss eine beliebte Kanustrecke. Jedes Jahr im Herbst finden Wettbewerbe statt, der sicherlich bedeutendste ist der Weltcup im Kanumarathon.

20

ALLA BORSA

Die Grande Dame der hauchzartesten Liebesknoten

Seit über 60 Jahren führen Signora Albina und ihr Mann Alceste das Restaurant Alla Borsa in Valeggio sul Mincio und Einheimische wie auch Touristen sind sich einig: Im Alla Borsa schmecken die zarten *Nodi d'amore* einfach am besten. Gelernt hat Signora Albina das Kochen und ganz speziell die Zubereitung der Tortellini von ihrer hoch geschätzten Schwiegermutter, die das Gasthaus damals gemeinsam mit ihrer Schwester führte. Sie weihte ihre Schwiegertochter mit viel Geduld in die Küchengeheimnisse ein und Signora Albina ist heute noch ganz traurig, wenn sie davon spricht, dass die Mutter ihres Ehemanns, eine wunderbare, modern denkende Frau, bereits mit 55 Jahren gestorben ist.

Für Signora Albina ein trauriger Verlust und gleichzeitig der Beginn einer neuen, verantwortungsvollen Aufgabe; denn seither steht sie Tag für Tag in der Küche, unterstützt von einem erfahrenen Team. Mittags jedoch ist ihr Platz im Restaurant! Gemeinsam mit ihrer Tochter Nadia, auf die Mamma sehr stolz ist, und dem freundlichen Serviceteam, das schon längst zur Familie gehört, bewirten sie ihre Gäste. Obwohl mittlerweile auch viele Urlauber ins Traditions-Ristorante in Valeggio kommen, stammt der Großteil der Gäste aus Valeggio und Umgebung. Auf die Frage, was das Geheimnis ihrer Tortellini di Valeggio sei, erzählt la Signora Albina: »Sicherlich ist es zum einen unser extrem hauchdünn ausgerollter Teig. Da kommt es in erster Linie auf das richtige Mehl an. Leider wird es immer schwieriger, gutes Mehl zu finden. Bei der Füllung hat jede Hausfrau in Valeggio ihr eigenes Familienrezept. Bei mir kommt neben Rind-, Kalb- und Hühnerfleisch ein klein wenig Schweinefleisch dazu und ein bisschen Hühnerleber und -magen, das verleiht der Füllung das gewisse Etwas. Ich benutze keinen Käse und auch keine Brotbrösel, die machen die Füllung trocken. Ausschlaggebend aber ist die Qualität der verarbeiteten Zutaten. Das beginnt beim Fleisch, das wir bei Metzgern unseres Vertrauens kaufen, aber selbst die Qualität der verwendeten Zwiebeln ist enorm wichtig. Sie dürfen nicht zu scharf sein und müssen doch aromatisch schmecken. Und im Unterschied zu anderen schmoren wir jede Fleischsorte getrennt und mischen sie erst zum Schluss zusammen. Das Formen der kleinen Teigtäschchen sieht komplizierter aus, als es für uns ist. Die Frauen von Valeggio lernen das von Kinderbeinen an. Im Alla Borsa formen vier Hausfrauen die Tortellini, die wir mittags und abends benötigen, und die haben den richtigen Dreh raus. Eine schafft, wenn sie geschickt ist, pro Stunde ein Kilo Tortellini.«

Ein weiteres Geschmacksgeheimnis ist die Frische! Tortellini und auch die etwas größeren Tortelli werden tagtäglich zubereitet. Die

Tortelli hat Signora Albina vor etwa 25 Jahren im Alla Borsa eingeführt. Je nach Jahreszeit werden sie immer wieder anders gefüllt. Ein großartiges Wirtsehepaar, das mit enormer Freude Tag für Tag im Restaurant steht. La Signora morgens in der Küche, um klare Anweisungen zu geben, mittags und abends in den Speiseräumen, um die Gäste zu bewirten. Ihr Ehemann Alceste begrüßt die Gäste und kümmert sich um die Kasse. Ohne das Ristorante und ihre Gäste wäre für die beiden das Leben undenkbar.

21

AMARO

Sirene – das kräuterbittere Liebeselixier von Garda

Alles begann bei Elisa, Produzentin des Liquore delle Sirene, mit der Liebe zur Natur, zu wilden Kräutern und zum Gardasee. Elisa wurde in Vicenza geboren und lebte bis zu ihrem 18. Geburtstag inmitten einer landwirtschaftlich geprägten Gegend. Sie liebte es, mit ihren Brüdern zwischen Weizenfeldern und Wäldern zu spielen und unter einem schattigen Feigenbaum die reifen Früchte zu naschen. Von Anfang an begeisterten sie die Düfte wilder Kräuter und Früchte und sie begann neben ihrem Studium der Kommunikationswissenschaften, sich intensiv mit Heilpflanzen zu beschäftigen. Ihre Neugierde für Botanik machte auch nicht vor Rebstöcken und Olivenbäumen halt. Wein und Olivenöl reizten Elisa so sehr, dass sie sich entschloss, eine Sommelier-Ausbildung zu machen. Diese neue Aufgabe führte sie ins Weinbusiness. Sie arbeitete bei verschiedenen international bekannten Winzern, bis sie der Liebe wegen an den Gardasee zog.

Elisa verliebte sich aber auch in die traumhafte Landschaft und die Farben und Düfte des Gardasees, ganz speziell des Monte Baldos, des »Garten Europas«, berühmt für seine unendliche Pflanzenvielfalt. Angeregt von dieser fantastischen Natur, vertiefte sie ihr Wissen über Heilpflanzen und Ökosysteme und begann sich für Bitterliköre zu interessieren, die in Italien eine lange Tradition haben. Nach zwei Jahren des Ausprobierens, Verwerfens und erneuten Probierens entstand nach historischen Vorbildern und inspiriert von der Tradition italienischer Bitter Sirene.

Den klangvollen Namen verdankt der Likör einer antiken Legende von der Baia delle Sirene, dem schönsten Strand am Gardasee nahe der Punta San Vigilio: »In einer warmen Sommernacht strandeten Fischer und wollten sich abgeschirmt von den Wellen erholen. Da erschien ihnen eine wunderschöne Wassernixe (Sirene) und reichte ihnen einen magischen Likör, der ihnen Kraft und die Lust verlieh, wieder zu ihren Ehefrauen heimzukehren. Die Fischer nannten den Likör nach der Bucht ›Liquore delle Sirene‹, ihre Ehefrauen meinten lächelnd, nein, für sie sei er das ›Elixier der Liebe‹.« Diese Geschichte war auch die gedankliche Vorgabe für das ansprechende, romantische Etikett, das Elisas Flaschen schmückt.

Verwendet werden für diesen Zaubertrank alla Elisa 23 verschiedene pflanzliche Aromen von Blumen, Kräutern, Früchten und Wurzeln, Wasser und ein wenig Zucker. Das faszinierende Aromenspiel wird mit intensiven, aber angenehmen Bitternoten abgerundet, die an Chinarinde, Enzian, Tamarinde und Eiche erinnern. Auf künstliche Farb- und Geschmacksstoffe sowie Konservierungsmittel verzichtet sie völlig. Bevor der Liquore delle Sirene in Flaschen gefüllt wird, reift er längere Zeit in kleinen Fässern. Der Bitter, der seinen Namen zu Recht trägt, erfreut aber nicht nur den Gaumen, er sorgt zudem für Wohlbefinden. Wann man Sirene am besten genießt? Die einen schätzen in eisgekühlt als Aperitif, andere nicht ganz so kalt als Digestif und gute Barkeeper mixen daraus raffinierte Cocktails.

22

AMARONE

Aus süß wurde – per Zufall – trocken und großartig

Der Valpolicella kann auf eine lange Weinbautradition zurückblicken, die jedoch völlig anders aussah als heute. Schon im 16. Jahrhundert trocknete man zwar bereits die heimischen roten Trauben auf Holzrosten in luftigen Speicherräumen. Die geschrumpelten Trauben wurden ebenfalls im Januar des auf die Ernte folgenden Jahres gepresst und den gewonnenen Most ließ man vergären, jedoch nicht durchgären. Der so entstandene Wein war also süß und entsprach absolut dem damaligen Geschmacksempfinden. Man nannte ihn Recioto di Valpolicella, da er aus den »Ohren«, also aus den beiden kleinen, oberen Traubenflügeln über der ursprünglichen Traube, gekeltert wurde. Es wird erzählt, dass ein Kellermeister ein Gärfass in der Cantina vergessen hatte und deshalb der Wein weitergärte, bis der Zuckeranteil in Alkohol umgewandelt war. Weil er – im Vergleich zum süßen Recioto – bitter (*amaro*) erschien, gab man ihm den Namen Amarone.

Ob sich das alles wirklich so zugetragen hat, wer weiß, sicher ist auf jeden Fall, dass die erste Flasche, auf deren Etikett »Amarone« stand, aus dem Jahr 1950 stammte und von der Cantina Bolla kam. Von da an entwickelte sich der Stil des Amarone ständig weiter und der Recioto ist heute eigentlich nur noch ein Nischenprodukt, das aber fast alle Valpolicella-Winzer aus Liebe und Respekt vor der Tradition produzieren. Ein wichtiger Vorreiter des trockenen Amarone war die traditionsreiche Winzerfamilie Bertani, deren erster Amarone aus dem Jahr 1958 stammt. Ihre Villa Novare aus dem 18. Jahrhundert ist eine beeindruckende historische Stätte der Veroneser Weinkultur – hier schlummern gereifte Amaronen aus vielen zurückliegenden Jahrzehnten.

23

ARENA

Die Atmosphäre ist alles und immer wieder schön

Von Mitte Juni bis Ende September herrscht in Verona eine Art Ausnahmezustand. Die »Schöne an der Etsch«, wie Verona liebevoll genannt wird, ist dann noch mehr als sonst von Touristen aus aller Welt bevölkert, denn: Es ist Festspielzeit. Busseweise werden die Musikliebhaber oder die, die sich dafür halten oder hoffen, es in der Arena zu werden, in die wunderschöne Stadt gebracht. Echte Musikliebhaber und -kritiker rümpfen meist die Nase, wenn es um die musikalischen Darbietungen geht. Das mag für Menschen mit absolutem Gehör schon zutreffen, die meisten Besucher sind jedoch einfach nur fasziniert: von der Opulenz des Bauwerks, von den Stimmen der weit über 150 Chorsänger, von der Präsenz unzähliger Statisten und lebender Tiere, die sich auf der Bühne bewegen, und von den Solisten, die ihr Bestes geben. Für die Interpreten ist das römische Amphitheater eine echte stimmliche Herausforderung.

Die Opernfestspiele sind eine gut sprudelnde Einnahmequelle für die Stadtverwaltung, die Hotels, Geschäfte und Restaurants. Die heutigen Stadtväter können froh und dankbar sein, dass die Bevölkerung 1913 so vehement für diese erste Opernaufführung – anlässlich des 100. Geburtstags von Giuseppe Verdi – gekämpft hat. Damals hatten der Dirigent Tullio Serafin, der Tenor Giovanni Zenatello und der Intendant Ottone Rovato einen passenden Platz gesucht für eine gebührende Darbietung der *Aida*. Sie waren begeistert von der Arena di Verona

› Auch heute noch lieben die Besucher die Opernfestspiele in der unvergleichlichen Atmosphäre des Amphitheaters – hier bei einer aktuellen Aida-Aufführung.

und die Einwohner mit ihnen. Lediglich einige Stadträte hatten Befürchtungen, dass das geschichtsträchtige Bauwerk inmitten der Stadt durch eine Oper entweiht werde.

Die Veranstalter damals hatten anfangs ein wenig Angst, dass sich der Klang im weiten Areal der Arena verliert, aber Sänger wie Musiker waren von der Akustik angetan. *Aida* am 10. August 1913 zu Ehren Verdis war ein grandioser Erfolg und die Aufführungen in der Arena sind es bis heute geblieben. Das Faszinierende daran ist, dass die Zuschauer Teil des gigantischen Geschehens auf der Bühne werden. In den vergangenen Jahren ist übrigens die Arena auch – *naturalmente* außerhalb der Festspielzeit – ein gefragter Schauplatz für Rock- und Popkonzerte geworden. Die heutigen Verantwortlichen der Stadt haben längst erkannt, dass sie *der* Touristenmagnet schlechthin ist.

Tag für Tag strömen während der Festspielzeit Menschenscharen in das gigantische Amphitheater, nach dem Kolosseum in Rom das zweitgrößte Italiens. Zwei Fragen stehen für die Gäste im Mittelpunkt: Wird es heute Nacht regnen? Und: Wo ist die Akustik am besten? Für Arenafreaks gilt ohnehin, dass die preisgünstigen oberen Ränge akustisch am meisten bieten – wenn nicht das Zischen der Getränkedosen, das Rascheln der Papiertüten mit den mitgebrachten Tramezzini oder das fröhliche Mitsingen der Sitznachbarn wäre. Außerdem darf man Sitzkissen auf keinen Fall vergessen, denn es kann lange dauern, vor allem wenn ein paar Regentropfen vom Himmel fallen. Der kritische Blick nach oben gehört zum Arenabesuch und ist ein beliebtes Gesprächsthema, denn sobald es auch nur leicht zu tröpfeln beginnt, verschwinden die Musiker in den Untergrund, um ihre kostbaren Instrumente zu schützen. Sobald der Regen nachlässt, geht es weiter, schließlich will man ja das Eintrittsgeld nicht zurückzahlen ... So kann sich ein Opernabend unter freiem Himmel schon mal bis weit nach Mitternacht hinziehen. Aber es lohnt sich zu bleiben, denn das Finale lässt bei den Besuchern Gänsehautfeeling aufkommen: dann, wenn das Licht erlischt und nur noch der Schein der unzähligen Handys in der Dunkelheit zu sehen ist. Musikkritiker, vergesst eure Kommentare und genießt einfach diese unvergessliche Atmosphäre inmitten der zauberhaften Altstadt von Verona!

24

BOLLITO MISTO

Ein Wagen, voll beladen mit dampfenden Fleischbergen

Gemischtes Gekochtes heißt *Bollito misto* übersetzt und ist eine typische Spezialität in den nördlichen Regionen Italiens, eigenartigerweise aber nicht in Südtirol und im Trentino. Richtig kultig zelebriert wird dieses Fleischspektakel im Piemont, in der Emilia Romagna und zwischen Verona und Mantua. Um einen *Bollito misto* zu essen, geht man nicht in ein x-beliebiges Restaurant, es muss unbedingt eines sein, das berühmt ist für dieses Traditionsgericht. Wenn verschiedene Fleischteile nur so auf dem Teller angerichtet serviert werden, dann besser darauf verzichten.

Bollito misto ist eine Zeremonie, kein Schnellgericht, um satt zu werden. In einen riesigen Kochtopf mit Wasser kommen ein Bauerngockel, Schweinebacke, Rinderzunge, Rindfleisch, Kalbskopf oder Kalbfleisch und zum Schluss noch *Cotechino* oder *Zampone*. Bei schwacher Hitze köchelt das Fleisch stundenlang vor sich hin. Sobald ein Gast, meist ist es eine Tischgesellschaft, *Bollito* bestellt, kommt ein großer Wagen in die Gaststube gerollt, auf den die unterschiedlichen Fleischsorten gehäuft sind. Nun entscheidet jeder, was ihn anlacht und wie viel er möchte. Anschließend kommen die Fleischstücke wieder zurück in die heiße Brühe und warten dort, bis der nächste Gast Lust auf ein »bisschen« Fleisch hat.

Dazu gibt es traditionell und nur in und um Verona eine bräunliche, breiige Soße, die *Peara*. Manchmal hat man als Außenstehender den Eindruck, die Einheimischen bestellen *Bollito misto* lediglich, um an die *Peara* zu kommen. Und wie gut oder weniger gut der *Bollito misto* ist, hängt für sie häufig von der Qualität dieser Soße ab. Auch die Herstellung der *Peara* ist zeitintensiv, denn Rindermark, Semmelbrösel und

Fleischbrühe müssen viele Stunden – am besten eineinhalb Tage – leise vor sich hin köcheln. Aber keine Sorge, wer diese Veroneser Beilage nicht so gern mag, es gibt immer auch frisch geriebenen Kren und eine knackig grüne Soße, die aus gehackten Kräutern und Olivenöl besteht. Eine *Mostarda*, das sind scharf eingelegte Senffrüchte, sind ebenfalls ein guter Kontrast zum gekochten Fleisch.

Eigentlich, so möchte man annehmen, ist es ein echtes Wintergericht, aber nicht so in Verona, denn in den klassischen *Bollito-misto*-Restaurants, z. B. in der Locanda di Castelvecchio oder im Cavour in Dossobuono, wird der Wagen mit den dampfenden Fleischbergen das ganze Jahr hindurch in den Speisesaal geschoben. Schon ein wenig schräg ist jedoch der Brauch, dass man an Ferragosto, also am 15. August, traditionell *Bollito misto* isst. An diesem Tag darf *Zampone* oder *Cotechino* niemals fehlen. Wenn man bedenkt, dass im August die Temperaturen in Verona über die 35-Grad-Marke klettern, ist so ein Essen schon eine echte Herausforderung. Gottlob haben fast alle Bollito-Traditionsgaststätten eine Klimaanlage, und auf das Verdauungsschnäpschen danach muss man auch nicht verzichten – es ist ja Feiertag.

25

BOTTEGHE STORICHE

Wo alles noch aussieht wie anno dazumal

Die Stadt Verona hat eine Initiative ins Leben gerufen, um historische Läden, Osterien, Cafés und Bars zu erhalten und zu schützen. Denn – sie sind ein wichtiger Teil der umfangreichen Stadtgeschichte! Es wäre wirklich schade, wenn in diesen traditionellen

Häusern internationale Modegeschäfte oder Fastfoodketten Einzug halten würden.

Um den Titel »Bottega storica« zu erhalten, muss man ganz bestimmte strenge Bedingungen erfüllen. Das Geschäft, die Bar, das Café, die Osteria oder das Ristorante müssen sich in einem geschichtsträchtigen Haus befinden und mindestens 40 Jahre unter der Leitung der gleichen Familie sein. Nach dem letzten Stand vom November 2015 gibt es mittlerweile 246 Botteghe storiche in Verona und alle gelten als ganz besondere Kulturschätze der Stadt. Eine der wohl berühmtesten ist das Ristorante 12 Apostoli in der Altstadt unweit der Piazza Erbe am Vicolo Corticella San Marco. Der Palazzo aus dem 17. Jahrhundert, in dem sich das Ristorante befindet, gleicht einem Museum. Vor vielen Jahren durfte sich das Restaurant mit einem *Michelin*-Stern schmücken, heute, so scheint mir, ist die Zeit – zumindest küchentechnisch – stehen geblieben und es bleibt zu hoffen, dass sich das wieder zum Guten hin ändert. Dennoch, die Räumlichkeiten und die darunterliegenden Ausgrabungen sind beeindruckend und sehenswert.

Ein weiteres traditionelles Haus ist das Cafè Carduccio. 1928 hat der Urgroßvater von Stefano Bianconi, dem jetzigen Betreiber, diese Osteria eröffnet. 1950 baute Stefanos Vater sie um und seit 2000 leitet Stefano das Café. An der Philosophie seiner Familie hat sich kaum etwas geändert. Morgens trinkt man einen Cappuccino und isst dazu ein Cornetto, mittags bereitet der Koch verschiedene traditionelle Gerichte zu und abends trifft man sich auf ein oder mehrere Gläser Wein, der hier immer exquisit ist, und genießt so wie die vielen Stammkunden den verdienten Feierabend.

In eine andere Zeit versetzt fühlt man sich unter den Arkaden der Sottoriva nahe der Etsch, einem alten Stadtviertel Veronas. Besonders charmant ist die Osteria Sottoriva, wohin die Veroneser gern *andar per goti* – auf ein Gläschen – gehen. Witzig und stark frequentiert ist die Osteria Alcova del'Arte nahe des Ponte Pietra. Sie ist von zehn bis zwei Uhr nachts geöffnet und befindet sich in einem ehemaligen Franziskanerkloster aus dem 13. Jahrhundert. Einst wohnte hier auch Dante Alighieri und heute betreibt Massimo Perno mit seiner Lebensgefährtin das urige Lokal. Auch die Gelateria Savoia in der Via Roma ist nicht nur wegen der guten Eisspezialitäten einen Besuch wert, sie ist ebenfalls eine sehr schön anzuschauende Bottega storica. Auf dem Weg zur Porta Borsari kommt man am früheren Caffè Tubinio vorbei, das heute Caffè Borsari heißt, und es lohnt sich, dort einen aromatischen Espresso zu trinken. Das Café ist ebenfalls eine echte Bottega storica, denn seit über 60 Jahren ist es in der Hand einer Familie und seither berühmt für unterschiedlichste Kaffeesorten: Über 120 gibt es, alle aromatisch und perfekt zelebriert. Das sind nur einige der 246 historischen Läden, die sich mit dem Titel »Botteghe storiche« schmücken dürfen und die es wert sind, besucht zu werden.

26

CAMPO

Das verlassene, geheimnisumwitterte Dörfchen

Die knapp 2500 Einwohner von Brenzone sul Garda an der Ostküste verteilen sich auf 16 Fraktionen, von denen sich die meisten auf den Berghängen über dem See befinden. Eines dieser Minidörfer ist Campo di Brenzone, es hat kaum mehr als eine Handvoll Einwohner und ist ein ziemlich gottverlassenes und vergessenes Dörflein. Dabei kann der Borgo, der auf 227 Meter über dem Gardasee liegt, auf eine lange Vergangenheit zurückblicken. Erste Aufzeichnungen fand man aus dem Jahre 1023. In vergangenen Zeiten lag Brenzone strategisch sehr günstig, weil es die direkte Verbindung von Castelletto di Brenzone nach Prada am Monte Baldo war.

Obwohl das Dorf denkmalgeschützt ist, ist der Zustand der meisten Häuser erbärmlich. Schade darum, denn die Aussicht von hier oben auf den See ist atemberaubend. Deshalb gründeten einige engagierte Heimatliebhaber 2006 eine Stiftung, die etwa 60 Prozent der Häuser besitzt. Fertig ist allerdings bis jetzt erst ein Haus für Künstler mit einem Ausstellungsraum und einer Werkstatt. Zum Ort mit seinen engen, gepflasterten Gassen und Steinbögen gehört auch eine kleine Kapelle aus dem 13. Jahrhundert. Vor Kurzem wurden die Fresken, die aus dem Jahr 1358 stammen und die Jungfrau Maria zeigen, restauriert. Es kommt also allmählich Bewegung herein, wenn auch noch sehr gemächlich. Das verfallene Dorf erinnert ein wenig an den Ort Casale im Trentino, der mithilfe von Künstlern wieder originalgetreu rekonstruiert wurde und heute Kunstinteressierte und Individualisten aus aller Welt anlockt. Das wäre auch für Campo wünschenswert. Bislang sind es in erster Linie Wanderer oder Einheimische, die den Kieselweg mit dem charakteristischen Originalpflaster hinauf nach Campo wandern. Man kann sich kaum vorstellen, dass früher auf diesen Wegen die Lasten auf Holzschlitten ins Tal befördert wurden. Dazu wurden die Kufen, die sogenannten Carète, mit Öl oder Schmalz eingerieben.

Um ein wenig Leben ins Dorf zu bringen, organisiert man seit einigen Jahren in den Wintermonaten eine reizende Krippenausstellung. Im Sommer werden Konzerte veranstaltet, die besonders romantisch sind, da man unter Olivenbäumen sitzt und lauscht – darüber nur der Sternenhimmel. Auch wenn das verlassene Campo noch wenig zu bieten hat, bei der halbstündigen Wanderung von Magugnano am Seeufer hinauf trifft der Spruch »Der Weg ist das Ziel« zu. Vorbei an schattenspendenden Olivenhainen bietet sich immer wieder ein faszinierender Blick auf den See und das gegenüberliegende Ufer. Bleibt zu hoffen, dass das mittelalterliche Kleinod tatsächlich einmal ein sympathisches Künstlerdorf wird, am besten mit einer kleinen Osteria, die zum Verweilen einlädt.

27

FELSENKIRCHE

Die Madonna der Krone in schwindelerregender Höhe

Madonna della corona heißt eine der berühmtesten Wallfahrtskirchen Italiens. Jährlich wird sie von über 270 000 Pilger besucht. Der Name, so vermutet man, entstand, weil die Kirche von einer Bergkette umgeben ist, die eine Felsenkrone bildet. Der Weg zum Gotteshaus ist mit Anstrengung verbunden, da es wie ein Schwalbennest an einer 500 Meter langen Felswand auf 774 Meter Höhe klebt. Auch wenn man nicht religiös ist, der Blick von der Felsterrasse ist atemberaubend. Über eine breite Freitreppe erreicht man die Kirche, bei deren Erbauung zwei Felswände als Mauern genutzt wurden, wie man im Innern sieht. Die letzten 28 Stufen legen einige Pilger auf den Knien zurück, um Buße zu tun. Die Treppe erinnert an jene im Palast des Pontius Pilatus in Jerusalem und Jesus soll sie auf seinem Kreuzgang mit Blut befleckt haben.

Die einfachere Möglichkeit, diese beeindruckende Wallfahrtskirche mit der grandiosen Aussicht zu erreichen, ist von Spiazzi aus. Wer nicht so gern wandert, kann während der Saison sogar einen kleinen Bus nehmen, der ziemlich nahe an die Felsterrasse heranfährt. Wanderern sei der Aufstieg von Brentino Belluno aus über die ausgeschilderte, steile, aber gut zu bewältigende Via Santuario empfohlen. Das hat einen weiteren Vorteil: Im und nahe dem Dorf Belluno gibt es nicht nur mehrere kleine Weingüter, in denen man den heimischen, kraftvollen Rotwein Enantio verkosten kann, in der Trattoria Al Ponte wird auch eine schmackhafte heimische Küche serviert. Aber unbedingt auf die Essenszeiten achten, denn wer nach 14 Uhr kommt, hat das Nachsehen.

28

FESTA DEL NODO D'AMORE

Romantisches Mühlendorf und die Faszination der Liebesknoten

Ganz in der Nähe von Valeggio errichtete man von 1393 bis 1395 ein mächtiges Damm- und Brückenbauwerk, das eigentlich schon einer Festung gleicht. Die Ponte Visconteo war ursprünglich dazu gedacht, das Wasser des Mincio umzuleiten, um es sprichwörtlich der Stadt Mantua abzugraben, die – so dachte man – damit leichter einzunehmen wäre. Bereits während der Bauzeit gab es viele Probleme und nach einigen Jahren erkannte man, dass dieses Brückenmonster keinerlei strategische Bedeutung hat. So verfiel es allmählich. Damals ahnte keiner, dass diese Brücke doch noch einmal eine wichtige Rolle spielen und international berühmt werden würde.

Ähnliches gilt für das Dörfchen Borghetto, das um 1400 als Festungsdorf und strategischer Wachposten am Mincio gegründet wurde. Die Brücke verlor ihre Bedeutung – Borghetto aber entwickelte sich prächtig, zuerst als Fischerdorf, dann dank der zahlreichen Mühlen, in denen verschiedene Getreidesorten gemahlen wurden. In den Sechzigerjahren arbeiteten nur noch wenige Mühlen und das Dorf verfiel zusehends. Lediglich am Wochenende hatte die einzige Bar geöffnet, da die Bewohner von Valeggio am Sonntag gern einen Picknickausflug nach Borghetto machten.

Mit zunehmendem Tourismus erlangte auch das kleine Fischerdorf mit seinen gerade mal 160 Einwohnern wieder mehr und mehr Aufmerksamkeit. Heute ist es ein beliebtes Ausflugsziel nicht nur für Einheimische und zählt zu den »schönsten Dörfern Italiens« (*I borghi più belli d'Italia*). Die Häuser und die Kirche aus dem Mittelalter

^ Borghetto bei Nacht. Das romantischer Fischerdorf wurde in die Liste der »schönsten Dörfer Italiens« aufgenommen.

verleihen ihm Charme, die vielen Mühlen und der stets plätschernde Mincio sorgen für eine romantische Atmosphäre und über allem thront die mächtige Scaligerburg.

Immer am dritten Dienstag im Juni ist was los auf der 650 Meter langen und 21 Meter breiten Ponte Visconteo und in Borghetto. An dem Tag wird die einst so bedeutungslose Brücke zum Schauplatz für die berühmten Tortellini di Valeggio. Seit 1993, der ersten Festa del Nodo d'Amore, die ursprünglich zur 650. Stadtgründung als einmaliges Fest geplant war, liegt die Organisation des Spektakels in den Händen der Associazione dei Ristoratori (Vereinigung der Gastronomen von Valeggio sul Mincio). Gleich zu Beginn legten sie drei Leitsätze für ihre Arbeit fest: Erfreuen, Erneuern und Aufwerten. Und dies ist ihnen gelungen, denn mit den hauchzarten Tortellini di Valeggio

wird immer wieder aufs Neue das Image ihrer traditionellen Küche bekräftigt. Zudem zeigt die hochwertige Qualität der verwendeten Produkte den Gästen, wie bedeutend die *Materia prima* (die Rohzutaten) für ein Gericht sind. Es ist eine wichtige und nachhaltige Aufwertung der köstlichen *Nodi d'amore*, die auch dank dieses herrlichen Festes längst weit über die Grenzen Venetiens hinaus berühmt sind.

2017 haben die Verantwortlichen die Besucherzahl auf 2550 Plätze reduziert, ein Vorteil, so haben die Gäste etwas mehr Platz, gleichzeitig wird es jedoch noch schwieriger, die begehrten Eintrittskarten zu ergattern. Wer nun vermutet, die Festa del Nodo d'Amore sei ein Touristenspektakel, der irrt. Mindestens zwei Drittel der Plätze sind von den Bewohnern der näheren Umgebung besetzt, die schon Monate vorher ihre Tickets ordern, um mit dabei zu sein, vor allem, wenn um 23 Uhr das grandiose Feuerwerk auf der Scaligerburg beginnt und die Burg, der Mincio, Borghetto und die Ponte Visconteo mit den vielen glückseligen Genießern in allen Farben erstrahlen lässt.

29

GARDALAND

Traumwelt, in der Spaß ernst genommen wird

Livio Furini, 1932 geboren in Legnago, war der älteste Sohn der Familie und musste bereits früh in der Bäckerei seines Vaters mithelfen. Da er fleißig war, konnte er seine Eltern überzeugen und durfte in Verona und in Bozen am Konservatorium Musik studieren. Nach seiner Hochzeit zog er nach Verona und 1963 an den Gardasee, wo er in Castelnuovo den ersten Supermarkt am See eröffnete. Während einer Urlaubsreise mit seiner Familie in die USA besuchte er auch Disneyland und war hin und weg von diesem Spektakel. Dieses Erlebnis ließ ihn nicht mehr los und bereits 1975 gründete er Gardaland mit einer Anfangsinvestition von 200 Millionen Lire. Um ganz nah dran zu sein am Unterhaltungsgeschäft, eröffnete er 1978 die Firma Elettronic Animazione, die für die Gestaltung des Themenparks und das Drumherum zuständig war. Der überaus kreative und geschäftstüchtige Signor Furini schrieb selbst während dieser hektischen Jahre Gedichte und komponierte. Keines dieser Werke war aber jemals so erfolgreich wie sein Vergnügungspark Gardaland. Livio Furini starb 1987.

Seit der Gründung stieg Gardaland die Erfolgsleiter ständig nach oben. Bereits 2005 wurde es vom renommierten *Forbes*-Magazin auf Platz fünf unter den Vergnügungsparks der Welt gewählt und ein Jahr später Mitglied der Gruppe Merlin Entertainments, zu der weltberühmte Amüsement-Einrichtungen zählen wie Madame Tussauds, Legoland Parks und London Eye. Eine weitere sensationelle Neuheit war das zu 100 Prozent themenbezogene Aquarium Sea Live, das 2008 eröffnet wurde und sich zu einem Publikumsmagnet entwickelt hat. Bis auf das kleinste Detail auf die Bedürfnisse der Gäste zugeschnitten ist das Gardaland Adventure Hotel, das es seit 2016 gibt.

Seit der Eröffnung 1975 haben 80 Millionen große und kleine Besucher die Traumwelt Gardaland besucht und seit dieser Zeit begrüßt Prezzemolo, ein grüner Drache mit langen Ohren, die Gäste des Vergnügungsparks am Eingang. Lorenzo de Pretto hat den 1993 ausgeschriebenen Wettbewerb gewonnen, das Gardasee-Maskottchen noch bekannter zu machen. Daraufhin entstanden ein Comic sowie eine Zeichentrickserie, die im italienischen Fernsehen ausgestrahlt wurde. Aber trotz aller Aktivitäten des kleinen Drachen: Prezzemolo erwartet tagtäglichen die Scharen von Besuchern mit einem Lächeln und Livio Furini sieht sicherlich von oben zu und freut sich.

30

GERUCHSGALERIE

Neugierige Schnüffelnasen entdecken Weinaromen

Gerüche erwecken Erinnerungen und Emotionen und lassen wenig Platz für Realität. Mit geschlossenen Augen sehen, das ist der Zauber des Riechens. Ein Wiedererwachen des Geruchssinns können Weinliebhaber seit 2017 in der ersten und einzigen Geruchsgalerie Italiens erleben – im Weinmuseum der Kellerei Zeni in Bardolino. Es ist eine unglaublich spannende Reise in die Welt des Schnupperns. Im Wein erkennt man nur Düfte, die man vorher schon einmal wahrgenommen hat. Weinprofis schulen daher ihre Nasen mit Riechfläschchen, um dann später diese Düfte im Wein wiederzuerkennen. Man muss aber kein Sommelier sein, um die Geruchskomponenten eines Weins auszumachen. Wichtig sind lediglich Ruhe, ein dunkler Raum, eine sinnliche Begleitmusik und Konzentration.

Das alles bietet die neue Geruchsgalerie im Barriquekeller. Nur wenige Personen dürfen zusammen den abgedunkelten Raum betreten. Zu Beginn werden mit einem Flakon – ähnlich wie in der Parfümerie – zwei unterschiedliche Weine auf ein Papierkärtchen gespritzt. Man versucht dann, diese einzuordnen, bevor man sich auf den stufenförmig angeordneten Duftparcours begibt. Auf jeder Stufe befindet sich ein Kästchen mit einem Zerstäuber, der, nachdem man ihn drückt, eine Duftwolke freigibt. Nun fragen Sie Ihr Näschen, an was Sie dieser Geruch erinnert – Kirsche, Vanille, Holz? Sie notieren sich Ihre Vermutung auf einer Tafel und folgen den sanften Stufen stets weiter nach oben bis zur 14. Duftbox. Ein zweiter Weg bringt Sie wieder zurück und zeigt Ihnen auf jeder der abwärts führenden Stufen, ob Ihre Wahrnehmung richtig war. Eine wahrlich sinnliche Reise in die Welt der Düfte und des Weins, denn der Duft verrät nicht nur viel über die Traubensorte, sondern auch sehr viel über das Terroir.

So sensibilisiert wird man nach dieser Tour im wunderschönen Barriquekeller der Cantina Zeni zu einem Glas Wein und Fingerfood eingeladen. Die Geruchsgalerie entstand nach einer Idee von Elena Zeni, die in Zusammenarbeit mit den Architekten Carlo Fantelli und Simone Mattia Cussolotto Spiritelli dieses Projekt auch realisiert hat. Paola Bottai war die Schöpferin der Düfte und Nina Danon komponierte speziell dafür eine Musik, deren Töne und Frequenzen den Geruchssinn anregen. Es macht riesig Spaß, typische Aromen im Wein zu entdecken, aber zugleich ist dieser Parcours auch eine wohltuende, entspannende Reise in die Welt der Sinne. Die Geruchsgalerie und das Weinmuseum der Weinfamilie Zeni erhielen beim Wettbewerb The best of Wine Tourism Award 2017 den ersten Preis als italienische Kellerei für Innovation im Weintourismus.

31

HOCHZEITS-HOTSPOTS

Innige Umarmung auf dem Balkon über dem Gardasee

Was gibt es Romantischeres, als sich unter südlicher Sonne an malerischen Plätzen das Jawort zu geben? Der Gardasee ist so ein magischer Platz, von dem viele Liebespaare träumen und der wie geschaffen ist für eine Traumhochzeit: angenehmes mildes Klima, viele herrliche Locations, Herzlichkeit und ungezwungene Gastfreundschaft, die gute italienische Küche, die feinen Weine und, und, und …

Der Tübinger Thilo Weimar, der seit vielen Jahren in Bardolino lebt und von hier aus die schönsten Landschaften in ganz Italien für namhafte Zeitschriften und Bücher fotografiert, wird in den Sommermonaten zum gefragten Hochzeitsfotograf. Er verrät die angesagtesten Locations und die neuesten Trends, wenn es um den schönsten Tag im Leben geht: »Nach wie vor ist Malcesine einer der beliebtesten Orte für Hochzeiten, mittlerweile aber besonders bei Engländern gefragt. Die Burg mit dem kleinen, steinernen Balkon in der Burgmauer über dem See, der an den Balkon von Romeo und Julia in Verona erinnert – ich weiß nicht, wie oft ich dort schon glücklichen Paaren ein fotografisches Denkmal gesetzt habe. Sehr gefragt ist auch die Isola del Garda auf der anderen Seeseite. Die ganze Gesellschaft fährt mit dem Boot zur traumhaften Insel, wo die Hochzeitszeremonie stattfindet. Der mediterrane Park, die venezianische Fassade der Villa Borghese-Cavazza und der tiefblaue See sind für Fotografen ein wahres Vergnügen. Seit einiger Zeit geht der Trend jedoch hin zu individuellen, eher kleineren Hochzeiten. Beliebt sind *Agriturismi* im südlichen und südöstlichen Hinterland mit guter Küche und ausreichend Zimmern für die Gäste. Man hat zwar keinen Blick auf den See, aber die liebliche Landschaft, das gute Essen und Trinken und die herzliche Gastfreundschaft lassen den Seeblick rasch vergessen. Geht die heitere Feier bis spät in die Nacht, auch kein Problem, denn meist gibt es keine Nachbarn in unmittelbarer Nähe. Immer öfter chartern Hochzeitsplaner für die Verliebten ein schickes Boot für den Nachmittag und abends geht es dann in ein feines Restaurant. Große Feiern *alla Italiana* sind bei deutschen Gästen immer weniger gefragt! ›Kleiner, aber dafür feiner‹ ist die neue Devise, wenn es um die Hochzeit am Gardasee geht«, so das Resümee von Thilo Weimar, und der muss es ja wissen, denn er hat schon viele Paare mit seinen ansprechenden Fotos glücklich gemacht.

Er rät jedoch allen Heiratswilligen, sich bei einer Wedding-Agentur beraten zu lassen, denn ohne Hochzeitsplaner ist es im Ausland schwierig, alles zu koordinieren. Übrigens, nicht nur junge Paare geben sich hier das Jawort, auch silberne Hochzeiten, einmal sogar eine goldene oder einfach eine Erneuerung des Eheversprechens werden gern an diesem Traumplatz gefeiert. Anlässe für ein Fest am Gardasee gibt es genügend.

32

KIRCHEN

Die ruhige Kulturseite von Bardolino

Was fällt Ihnen zu Bardolino ein? Der angenehm süffige Rotwein gleichen Namens, die roséfarbenen, fruchtigen Chiaretto-Weine (*kiaretto* – bitte nicht *tschiaretto*) und natürlich die Weinfeste – eins für den Trendwein Chiaretto und dann natürlich die große Festa dell'uva e del vino, die mittlerweile Kultstatus hat. Sie denken sicherlich auch an den Lungolago, die Flanier- und Partymeile des beliebten Touristenortes auf der Ostseite. Das pittoreske Dorf ist ein Hotspot für junge und jung gebliebene Feierlustige! Bardolino geht aber auch anders, denn es kann auf eine lange Geschichte zurückblicken. Für Menschen, die sich für Kultur interessieren, ist die Stadt einen Entdeckungsspaziergang wert – außer während der erwähnten Festtage ...

Die quirlige Ortschaft mit ihren heute 7000 Einwohnern entstand, als zwei Bäche vom Monte Baldo herabstürzten: die Torrente San Severo und die Torrente Valsorda. Diese schufen mit ihren mitgeführten Ablagerungen die natürliche Begrenzung für die Altstadt. Der kleine Hafen ist eingebettet zwischen der Punta Cornicello und der Punta Mirabello. Das Stadtbild ist veronesisch geprägt und hat eine lebendige Kirchengeschichte. Noch immer gibt es elf Gotteshäuser in der Gemeinde Bardolino und einige sind absolut sehenswert.

Da ist zum Beispiel die romanische Kirche San Severo am Ende des Borgo Garibaldi – wenn man von Bardolino Richtung Garda fährt, auf der linken Seite. Schon von Weitem sichtbar ist der beeindruckende Glockenturm aus Naturstein. Die Kirche basiert auf einer dreischiffigen Basilika mit kleinen, rundbogigen Fenstern, wobei das nördliche Kirchenschiff aus dem 1. Jahrhundert etwas breiter ist als das südliche, das Anfang des 11. Jahrhunderts errichtet wurde. Die Krypta hinter dem Hochaltar stammt von einem vorangegangenen Bauwerk und trägt eine langobardische Handschrift. Sehr schön sind auch die ein wenig verblassten Freskenmalereien aus der ersten Hälfte des 12. Jahrhunderts.

Die Kirche San Zeno liegt ein wenig versteckt im *Centro storico*. Das Bauwerk wurde, so vermutet man, im 8. Jahrhundert erbaut und ist dem heiligen Zeno von Verona geweiht (einem Heiligen der katholischen und orthodoxen Kirche, geb. um 371). Es ist eine der wenigen Kirchen karolingischer Bauart in Norditalien, die nahezu vollständig erhalten und als Beispiel Karolingischer Renaissance in die Geschichte eingegangen ist. Im 17. Jahrhundert hat man lediglich das Äußere ein wenig verändert. Sicherlich eine spannende

Entdeckung für Kunsthistoriker sind die sechs mächtigen Säulen, die funktionslos sind und lediglich eine Rückbesinnung auf die Antike dokumentieren.

Wenn man die Strandpromenade entlang nach Cisano spaziert, lohnt es sich, bei der kleinen romanischen Pfarrkirche Santa Maria in Cisano vorbeizuschauen. Die Fassade mit lombardischen Steinmetzarbeiten, die noch aus dem 8. Jahrhundert stammen, ist beeindruckend, ebenso der quadratische Glockenturm aus Kalkstein.

33

KIWI

Das schöne Tal der Pfirsiche macht Platz für Kiwi

Es ist ein kurzes, aber wunderschönes, unvergessliches Erlebnis, Ende März, Anfang April durch das Tal der blühenden Pfirsichbäume zu fahren. Die *Terra delle pesche* (das Pfirsichland) erstreckt sich von Bussolengo bis nach Sommacampagna. An den knorrigen, weit ausladenden Ästen der Bäume öffnen sich zu Beginn des veronesischen Frühlings in Windeseile unzählige pinkfarbene Blüten und im Nu gleicht das Tal einem rosaroten Meer. Leider ist diese Blütezeit nur sehr kurz, denn innerhalb weniger Tage mischen sich unter die tiefrosafarbenen Blüten grüne Blätter, und eh man sich versieht, ist der monumentale Baum grün und aus den Blüten entwickeln sich kleine Früchte.

So schön das für den Betrachter auch ist, aber von den prachtvollen Blüten und auch von den saftigen und aromatischen Früchten können sich die Bauern nichts kaufen. Leider sind nämlich die Preise für die Pfirsichvermarktung im Keller; zu groß ist die Konkurrenz aus anderen Ländern. Ein Hoffnungsschimmer könnten Biopfirsiche sein! Und es wäre den Landwirten zu wünschen, dass das geplante Biokonzept eine gewinnbringende Zukunft hat.

»Selbst Neptun ließ das Meer im Stich, trachtend dem Benacus die Herrschaft zu entreißen.«

Agostino di Brenzone auf der Punta San Vigilio

Viele der Obstbauern sind schon in der zweiten Hälfte der Siebzigerjahre auf den Anbau von Kiwis umgestiegen und, obwohl von vielen angezweifelt, der Erfolg gab ihnen Recht. Pfirsiche wie auch Kiwis kommen ursprünglich aus China, haben aber in der Nähe des Gardasees das optimale Klima gefunden. Kiwis vertragen ähnlich wie Pfirsiche keinen Frost und für die – zugegebenermaßen viel weniger attraktiven – Kiwipflanzen sind die Moränen- und Schwemmböden bestens geeignet, da diese das Wasser sehr gut ableiten.

Der Qualitätsstandard der Kiwis aus dem Veneto hat sich in kurzer Zeit sehr positiv entwickelt und die Früchte haben rasch den internationalen Markt erobert. Heute sind Kiwis, die unweit des Gardasees plantagenmäßig angebaut werden, Nummer eins im Welthandel und haben Neuseeland von der Vorreiterstellung verdrängt. Bleibt nur zu hoffen, dass man für den Pfirsichanbau eine optimale Lösung findet, damit die Obstbauern davon leben können und wir Touristen auf den wunderschönen Anblick der Blüten und auf die köstlichen Pfirsiche nicht verzichten müssen.

34

LANDSCHAFTSPARK

Vom bäuerlichen Garten zum schönsten Park Italiens

Es war ein langer Weg mit unterschiedlichen Besitzern, bis der Parco Sigurtà in Valeggio so aussah, wie er sich heute präsentiert, und von März bis November Hunderttausende Besucher verschiedener Nationalitäten in die Kleinstadt nahe dem Gardasee lockt. Alles begann am 14. Mai 1407, als Gerolamo Nicolò Contarini, Patrizier aus Venedig, eine riesige Landfläche in Valeggio für landwirtschaftliche Zwecke erwarb. Bereits damals umgab das Gelände mit Feldern, einem kleinen Garten und Gebäuden für die Familie Contarini und ihre Angestellten eine hohe Mauer aus Stein. Die Söhne der Adelsfamilie hatten jedoch kein Interesse an dieser Liegenschaft und verkauften sie an die Familie Guarienti, die 190 Jahre lang auf dem Areal Obst und Gemüse anbaute und Feld- und Forstwirtschaft betrieb. Durch Heirat ging 1626 das gesamte Besitztum an die noble Familie Maffei über, die über 210 Jahre die Geschicke des Guts leitete. Sie war es auch, die einen wichtigen Grundstein für den heutigen Park legte, nämlich durch die Erlaubnis, Wasser aus dem Fluss Mincio für die Bewässerung des Areals entnehmen zu dürfen.

Marchese Antonio Maffei (1759–1836) war ein Kunstliebhaber und beschloss, das 22 Hektar große Grundstück in einen englischen Garten umzugestalten, inspiriert von seinem Freund, dem Poeten Ippolito Pindemonte, der 1792 zu Gast bei ihm war. Während dieser Zeit entstanden ein neugotischer Tempel (heute die Einsiedelei), ein kleines Schlösschen und eine Grotte, in der man sich traf, um gute Gespräche zu führen oder Musik zu lauschen. Der Veroneser Dichter schrieb auch ein Gedicht, das heute auf einer Tafel in dem nach ihm benannten Wäldchen zu lesen ist: »So ergötzlich vergeht hier das Leben, dass ich ohne Bedenken zum Eremiten werden könnte.« Nach dem Tod von Antonio Maffei 1836 ging der Besitz an Conte Filippo Nuvoloni und seine Familie über, die leider den Park ziemlich verkommen ließen.

Im Frühling 1941 erwarb der Pharmazieunternehmer Dott. Giuseppe Carlo Sigurtà das Anwesen und widmete seine Aufmerksamkeit vor allem der Wiederbelebung des Parks. Im Laufe der Jahrzehnte wurde der paradiesische Garten nicht nur mit einer unglaublichen Vielfalt an Pflanzen aus aller Welt bereichert und verschönert, sondern auch auf 60 Hektar vergrößert. Seine Leidenschaft für den Paradiesgarten teilte Sigurtà mit seinem Neffen Enzo, einem Universitätsprofessor. Dessen Kinder – Magda und Giuseppe – kümmern sich heute mit dem gleichen Enthusiasmus wie Onkel und Vater um die Gestaltung und Erhaltung der international berühmten Parkanlage. Die Geschwister sind stolz darauf, dass der Parco Sigurtà 2013 zum schönsten Park Italiens gewählt wurde und 2015 den zweiten Platz der schönsten Parkanlagen Europas erhielt! Aber noch mehr freut es die Familie Sigurtà, wie sehr die zahlreichen Besucher die Schönheit der unterschiedlichen Blütezeiten und die weitläufigen, gepflegten Parkanlagen stets mit Blick auf die mächtige Scaligerburg schätzen.

35

MARMORBRÜCHE

Fingerspitzengefühl statt Muskelkraft

Königshäuser aller Epochen wurden damit ausgestattet, die schönsten Skulpturen der Welt sind daraus entstanden und heute ist es nach wie vor en vogue, Böden, Treppen, Brunnen und

Bäder aus Marmor gestalten zu lassen. Nahe der Autobahnausfahrt Affi wird seit vielen Generationen Marmor abgebaut und verarbeitet. Fährt man Richtung Valpolicella, sieht man links und rechts der Straße die edlen, im Sonnenlicht glänzenden Fassaden der Marmorbetriebe. Entgegengesetzt in Richtung des kleinen Weinbaugebiets Terradeiforti tun sich hohe Felswände auf und man versteht, weshalb sich hier schon vor Jahrhunderten *Marmisti* (Steinmetze) niedergelassen haben.

Signor Savoia, Seniorchef von Essegi Marmi, einem mittelständischen Unternehmen in Volargne, weit über 80 Jahre alt, erzählte, dass er bereits als Kind im elterlichen Steinmetzbetrieb mitgeholfen habe. Damals wurde alles noch von Hand und mit Körperkraft gemacht, sowohl im Steinbruch als auch bei der Veredelung des Gesteins. Mit riesigen Hämmern baute man den typisch roten Marmor ab, und das liegt noch gar nicht so lang zurück. Erst seit etwa 40 Jahren wird diese anstrengende Arbeit von Bulldozern und modernster Technik erledigt. Während früher bis zu 200 Männer in einem Steinbruch arbeiteten, sind es heute zwei bis drei. Zwei müssen es auf jeden Fall sein, schon wegen der Sicherheit. Wenn man unten in den bis zu 80 Meter hohen Steinbrüchen steht, kommt man sich vor wie ein Zwerg, und von oben betrachtet wirken die riesigen Bearbeitungsmaschinen wie Matchbox-Fahrzeuge.

Unweigerlich stellt sich die Frage, was geschieht, nachdem der Marmor abgebaut ist? So ein riesiges Loch ist ja nicht nur kein schöner Anblick, sondern auch ein enormer Eingriff in die Natur! Grundsätzlich ist es nicht einfach, eine Genehmigung für den Marmorabbau zu bekommen. Es kann Jahre dauern und wird vorher von vielen Fachleuten geprüft. Wer die Erlaubnis erhält, darf bis zu 30 und mehr Jahre den Steinbruch nutzen. Nach dieser Zeit ist es gesetzlich vorgeschrieben, das riesige Loch wieder mit Erde aufzufüllen und für die Landwirtschaft zur Verfügung zu stellen. Einige Olivenhaine, die man im Valpolicella sieht, waren früher mal *Cave di pietra* (Steinbrüche).

36

MARRONE DI SAN ZENO DOP

Ein Eichhörnchen als Schutzpatron

Eichhörnchen sind niedlich, man freut sich, wenn man den flinken Tierchen begegnet, und sie sind liebgewonnene Symbole für Wälder. Auf dem Monte Baldo gibt es sie zuhauf und deshalb sind die schnuckeligen Tiere das Maskottchen für den Berg, aber auch für den Ort San Zeno. Und seit dem Bestehen des Schutzkonsortiums Marrone di San Zeno DOP sind Eichhörnchen auch dessen Markenzeichen.

Es war ein langer Weg für die Bauern des Bergdorfs San Zeno, bis ihre köstlichen und nahrhaften Maroni endlich die europäische DOP-Anerkennung erhielten. 2003 war es endlich soweit und im gleichen Jahr wurde das Konsortium gegründet. Heute zählt es 45 Mitglieder und kümmert sich auch um die Ausrichtung der alljährlichen Festa del Marrone di San Zeno DOP, die von Mitte Oktober bis Anfang November in San Zeno stattfindet. In allen Restaurants und Trattorien werden dann Gerichte aus Maroni aufgetischt und es ist immer wieder beeindruckend, wie viele unterschiedliche Kreationen man aus den nahrhaften Baumfrüchten herstellen kann. Von wegen nur heiße Maroni! Aus Kastanienmehl werden Brote und Kuchen gebacken, Poularden oder Kaninchen werden damit gefüllt und natürlich sind da auch noch die verführerischen Maroni-Cremes ... Aber das ist längst nicht alles, es gibt auch kandierte oder in Sirup oder Grappa eingelegte Maroni und die neueste Errungenschaft aus Kastanien ist Castanea, ein aromatisches Bier, das seine Ursprünge im Mittelalter hat.

Was sich heute eher wie ein Produkt für Genießer anhört, war jahrhundertelang für die Menschen in und um San Zeno wichtigstes Nahrungsmittel und eine bedeutende Einnahmequelle. Die Früchte aus den Kastanienwäldern am Monte Baldo wurden im Spätherbst auf den Wochenmärkten in Caprino oder während des Maroni-Fests verkauft. Weniger schöne Kastanien verfütterte man den Schweinen, deren Fleisch dadurch besonders aromatisch wurde.

Seit 2003 müssen Maroni mit dem DOP-Siegel ausschließlich von den vorgeschriebenen traditionellen Sorten stammen und in der Castanetum-Zone auf 250 bis 900 Meter Höhe wachsen. So köstlich die Früchte sind – eine Augenweide im Frühjahr sind auch die blühenden Wälder der Esskastanie. Schon Goethe schrieb: »Zwischen der Etsch und dem Gardasee erhebt sich der Monte Baldo, präalpiner Vorposten der venetischen und der Poebene. Auf den Hängen gedeiht eine besondere Flora: Olivenbäume, Steineichen, Zedern, Zitronenbäume und Kastanienbäume. Letztere mitunter mehrere Jahrhunderte alt, durchdrungen vom wunderbaren Klima des Benaco, von der Sonne geküsst, bieten sie seit undenkbaren Zeiten ihre Maroni, Delikatessen für den Gaumen, den Menschen des Sees, der Catull so teuer war.«

37

NATURPARK

Grünes Paradies voller Geschichte und Geschichten

Der 1990 gegründete Naturpark auf dem Bergrücken Lessinia erstreckt sich auf 10 333 Hektar zwischen den Kleinen Dolomiten im Norden, der Stadt Verona und der Valpolicella im Süden, dem Soave-

› Geradezu mystisch steigt der Nebel über dem Plateau Lessinia auf. Der Naturpark ist auch eine beliebte Wanderregion.

und Durellogebiet im Osten und dem Flusstal der Etsch im Westen. Die Lessinia kann auf eine unendlich lange Geschichte zurückblicken, wie man anhand von archäologischen Fundstücken deutlich feststellen konnte. Sie war schon zu Zeiten der Neandertaler, im mittleren Paläolithikum und danach in der Zeit des Homo sapiens ein optimales Gebiet für Sammler und Jäger. Wer es nicht glaubt, besucht die Grotta di Fumane, die mit ihren Manufakturwaren aus Kieselsteinen, Feuerstellen und Gemälden auf Stein den Beweis für die Ansiedlung der Neandertaler liefert. Es gibt zahlreiche Museen, in denen man sich in die lange Geschichte dieses Naturparks vertiefen kann, eines von vielen ist das Museum für Fossilien in Bolca.

Beeindruckend ist auch das Gebiet des Volksstamms der Zimbern, die sich 1287 auf der Lessinia niederließen und ihre Sitten und Gebräuche teils bis heute bewahrten. In und um das Dorf Giazza sprechen noch einige Einwohner diese Sprache und im Museo dei Cimbri im gleichen Ort erfährt man Interessantes über ihr Leben. Das berühmteste Naturdenkmal, die Brücke von Veja, in der Gemeinde San Anna di Alfaedo war für den Maler Mantegna so faszinierend, dass er sie 1496 auf einem Fresko im herzöglichen Palazzo Ducale in Mantua darstellte. Die natürliche steinerne Brücke ist 29 Meter hoch und 50 Meter lang und entstand aus dem Zusammenbruch eines Gewölbeteils einer riesigen Höhle. Die Naturbrücke ist sowohl historisch als auch geologisch interessant und die unzähligen Fledermäuse, die dort herumschwirren, erfreuen Tierfreunde.

Ein weiteres Naturereignis, das Jahr für Jahr Scharen von Touristen anlockt, sind die Wasserfälle von Molino. Der quirlige Wildbach stürzt tosend und spritzend ins Tal und modelliert dabei eigenwillige Furchen, Nischen und Formen. Ebenfalls die Erosionen des Wassers waren es, die im Tal der Sphinxen unzählige Skulpturen gebildet haben. Der Cavolo di Camposilvano (Grotte von Camposilvano) hat – nach mündlicher Überlieferung der dortigen Bewohner – Dante für die Struktur des Infernos inspiriert.

Der Naturpark ist aber vor allem auch Heimat unterschiedlichster und seltener Tierarten, die sich hier geschützt fühlen können. Rehe und Hirsche sind ebenso zu Hause wie die niedlichen Murmeltiere und Eichhörnchen. Ziemlich einzigartig ist die vielfältige Vogelwelt, angefangen bei Käuzen, Eulen, Mauerseglern, Mäusebussarden und Habichten, um nur einige zu nennen. Die zahlreichen Wander- und Mountainbikewege führen aber nicht nur an beeindruckenden Naturereignissen und kulturellen Highlights vorbei, es gibt auch viele Almhütten (*Baito* oder *Malghe*) und bewirtschaftete Schutzhütten (*Rifugio*), um sich für die nächste Etappe zu stärken.

38

NICOLIS-MUSEUM

Das turbulente und rasante Leben des Luciano Nicolis

Luciano Nicolis (1933–2012) erinnerte sich gern an seine Kindheit, auch wenn er sich damals schon ein wenig schämte, als er nach der Schule mit dem Fahrrad nach Mantua radeln musste, um Altpapier zu sammeln. Sein Vater Francesco schenkte ihm aber stets viel Vertrauen, förderte sein Selbstbewusstsein, verlieh ihm Hoffnung für die Zukunft und half ihm dabei, seine Träume zu leben. Wenn er mit dem Fahrrad unterwegs war und die damals noch ziemlich seltenen Automobile sah, träumte er immer: Eines Tages werde auch ich ein Auto haben oder zwei oder drei ...

Das Sammeln von Altpapier mit dem Fahrrad brachte ihm im Leben zwei große Vorteile: Zum einen legte er damit gemeinsam mit seinem Vater den Grundstein für seinen Recycling- und Altpapierverarbeitungsbetrieb, der heute Marktführer in Italien ist. Zum anderen lernte er dabei, den Blick zu schärfen für das, was von Menschen weggeworfen wird. Diese Sammlerleidenschaft ermöglichte es ihm auch, so manches Auto-Juwel zu erkennen, wo andere nur einen Schrotthaufen sahen.

Wie viele in jener Zeit in Italien ging auch Luciano als junger Mann nach Deutschland. Er begann, als Vertreter in der Firma seiner zukünftigen Frau Renate zu arbeiten, deren Eltern ebenfalls, aber viel früher, aus Italien ausgewandert waren. Er lernte die deutsche Sprache und war überzeugt, dass er sie einigermaßen beherrschte, weil er mit seiner Arbeit viel Erfolg hatte. 1968 heiratete er Renate, seine große Liebe und – wie er später immer wieder betonte – auch seine große Stütze. Eine Frau, die ihm seine Leidenschaft für Automobile und Technik niemals vermieste. Besonders freute ihn, dass sie mehrmals mit ihm bei der Mille Miglia mitgefahren ist, ebenso wie seine drei Kinder.

Während der vielen Jahre des harten Arbeitens pflegte er weiterhin akribisch seine Sammelleidenschaft. Wo immer er auf der Welt unterwegs war und alte, verkommene Autos, Motorräder, Fahrräder, Kameras, Musikgeräte oder sonstige technische Geräte fand, er kaufte alles auf. In den Anfangsjahren legte er oftmals selbst Hand an, um die Oldtimer wieder originalgetreu zu renovieren.

Als die Hallen für die vielen Exponate zu klein wurden, erfüllte er sich seinen Lebenstraum: Er ließ für seine Sammlungen ein wunderschönes, lichtdurchflutetes Museum in seiner Heimatstadt Villafranca bauen, das er 2002 eröffnete. Da der Technikfreak nicht nur ein passionierter Autofahrer war, sondern auch ein begeisterter Pilot, widmete er der Luftfahrt ebenfalls eine Ausstellungfläche mit mehreren Flugzeugen. Der erfolgreiche und hoch geschätzte Veroneser Unternehmer blieb bei all seinen Erfolgen das ganze Leben lang bescheiden und ausgesprochen liebenswert. Sein viel zu früher, überraschender Tod am 21. April 2012 machte nicht nur seine Frau Renate und seine drei Kinder traurig, die Welt verlor einen großartigen Menschen. Einer seiner Leitsätze, der auch im Museum und auf der Webseite zu lesen ist, lautet: »Wir sind nicht die Besitzer von all dem, wir sind dessen Hüter für die Zukunft.«

39

OLIVENÖL

Wenn Olivenbäume zur großen Leidenschaft werden

Traumblick auf den Gardasee, eine schöne Villa, umgeben von alten Olivenbäumen – nichts weist auf den ersten Blick auf eine Ölmühle hin. Diese befindet sich in einem Nebengebäude, wohlintegriert in ein heimeliges Ambiente, aber das Innere ist auf dem neuesten Stand der Technik und gleicht einem sterilen OP-Raum. Seit Paolo Bonomelli 1990 begann, sich näher mit den Olivenbäumen zu beschäftigen, die rund um das Ferienhaus seiner Eltern wuchsen, war es um ihn geschehen. Die Familie Bonomelli ist in Italien bekannt für die Herstellung von Kräutertees, insbesondere Kamillentee. Die Familie verbrachte ihre Ferien häufig in ihrem schönen Haus in Torri del Benaco und dort entstand auch Paolos Interesse an den knorrigen Bäumen, deren Früchte seine Eltern früher in eine Ölmühle brachten.

Paolo Bonomelli hörte von hochwertigen Olivenölen und besorgte sich Fachliteratur, um die Olivenkultur besser zu verstehen. Er forschte, identifizierte die alten Bäume und stellte fest, dass auf seinen Grundstücken 24 verschiedene Olivenbaumarten standen. Im Laufe der Zeit reduzierte er diesen Variantenreichtum auf acht, davon sind vier autochthone und vier nationale Baumarten. Noch spannender als die heimische Olivensorte Casaliva, die er nach ihrem alten Namen Drizzàr benennt, waren für ihn zwei uralte Olivenbaumsorten. Der Ertrag war zwar äußerst gering, aber der Geschmack des Öls einzigartig. 2001 begann er gemeinsam mit einem auf Olivenbäume spezialisierten Agronomen, von den Ästen vorhandener Bäume der Sorte Trep und Fort neue Pflanzen zu ziehen. Ganze drei Jahre dauerte es, bis die jungen Triebe in die Erde gepflanzt werden konnten, anschließend weitere vier bis fünf Jahre, bis sich daraus Bäumchen entwickelten. Dann wartete er geduldig erneut vier bis fünf Jahre darauf, dass die ersten Früchte geerntet werden konnten. Die von Hand gelesenen Oliven werden äußerst schonend gepresst und entweder reinsortig in Flaschen gefüllt oder zu einer harmonischen Cuvée vereint, der er den Namen TreFórt gab und die heute das Grand-Cru-Olivenöl der Frantoio ist. Dieses einzigartige Öl, hundertprozentig aus uralten Olivensorten des Gardasees gepresst, heimst derzeit viele hochkarätige Auszeichnungen ein. Der erste Preis, die Goldmedaille beim International Olive Council 2016 Mario Solinas, machte Paolo Bonomelli besonders stolz.

Wie schmeckt nun TreFórt? »Obwohl es auch vom jeweiligen Erntejahr geprägt ist, zeichnet sich das kostbare Öl von etwa einhundert im Ertrag stehenden Bäumen durch eine animierende Fruchtigkeit aus mit kräftigen, lang anhaltenden Aromen, die jedoch keineswegs aggressiv sind«, erklärt der leidenschaftliche Olivenölproduzent. Dieses hochwertige Öl hat natürlich seinen Preis, aber es gibt in der Boutique Olive Farm Ca' Rainene in Torri del Benaco auch andere köstliche und gesunde Öle, die nicht so teuer sind.

40

OTTELLA

Feine Luganaweine und Kunst im harmonischen Einklang

Liebhaber der wirklich guten Luganaweine erkennen den Wein des Weinguts Ottella – noch bevor sie ihn verkosten haben – an den auffallend geschmackvollen, künstlerisch gestalteten Etiketten. Wer dann vor Ort im neu erbauten Betrieb in San Benedetto einkauft, spürt sofort: Hier leben und arbeiten Kunstliebhaber. Dabei fing bei der Familie Montresor alles ziemlich dramatisch an. Francesco, der heute mit seinem jüngeren Bruder das erfolgreiche Weingut führt, studierte Rechtswissenschaften und arbeitete, nachdem er sein Diplom in der Tasche hatte, in einer Kanzlei. Als sein Vater Ludovico 1987 einen sehr schweren Autounfall hatte und lange Zeit im Krankenhaus bleiben musste, kümmerte er sich als ältester Sohn um den bäuerlichen Betrieb. Dieses tragische Schicksal bewirkte, dass sich der dynamische Francesco in die landwirtschaftliche Arbeit verliebte und, nachdem sich der Vater so lange Zeit nicht erholte, beschloss, seine Anwaltstätigkeit an den Nagel zu hängen.

Zusammen mit einigen anderen befreundeten, aufgeschlossenen Winzern fing er an, eine andere Welt des Weins zu erobern, als es bislang im Luganagebiet der Fall war. Es sollten saubere, kultivierte und dem Terroir entsprechende Weine werden. Dass ihm das gemeinsam mit seinem Bruder Michele gelungen ist, beweisen die Nachfrage und die vielen Auszeichnungen. Als der hübsche familiäre Betrieb zu klein wurde, beschlossen sie, ganz in der Nähe ein neues Weingut nach ihren Vorstellungen zu bauen.

Da für die Brüder Wein eng mit Kunst verknüpft ist, haben sie sich für den Bau des neuen Gebäudes einen ganz besonderen Architekten ausgesucht. Einen, der es verstand, ihr hohes Qualitätsdenken für den Wein in die Stilistik der neuen Kellerei einfließen zu lassen. Francesco Copersino, geboren 1954 in der Nähe von Bari, hat in Florenz Architektur studiert und 1978 seine Diplomarbeit über das Thema »Bioklimatische Architektur am Lago di Garda« geschrieben. Der ideale Partner, um die Vorstellungen der Brüder Montresor umzusetzen. Sein Plan war es, einen Einklang zu finden zwischen Wein und Weinbergen und mit ursprünglichen Materialien wie Eisen, Kristallglas und Holz eine strenge Schlichtheit entstehen zu lassen. Ziel war es, so beschreibt es Francesco, die neue Kellerei als ein Zeichen der Stärke zu kreieren, ohne Luxus zu zeigen, und keinesfalls einen antiken oder bäuerlichen Stil nachzuahmen. Sie sollte einfach seine Arbeit klar und unverfälscht widerspiegeln. Wer sich nicht nur für gute Weine, sondern auch für zeitgemäße moderne Architektur interessiert – Ottella ist ein eindeutiger Beweis, wie Zweckmäßigkeit und Schlichtheit dennoch ein absolutes Wohlgefühl vermitteln können.

41

PERBELLINI**

Sternegekrönte Küche mal anders präsentiert

Als »handwerklichen Koch« bezeichnet sich der Zwei-Sterne-Koch Giancarlo Perbellini selbst gern. Dieses handwerkliche Geschick erlernte er spielerisch von Kindesbeinen an in der Backstube seines Vaters und Onkels, zwei hoch geschätzten Konditoren in Bovolone, einem ziemlich gottverlassenen Dorf im südlichen Hinterland von Verona. Während Vater und Onkel mit ihrer Offela d'oro und der einzigartigen Millefoglie strachin weit über die veronesischen Grenzen hinaus berühmt wurden, entschied sich Giancarlo, statt Konditor zu werden, das Kochhandwerk zu erlernen. Nach seinen Lehrjahren arbeitete er bei berühmten Köchen in Italien und Frankreich, bevor er 1989 sein eigenes Ristorante in Isola Rizza vor den Toren Veronas eröffnete. Wie kaum einer verstand er es, Tradition und Innovation harmonisch vereint auf den Tisch zu bringen. Seine Kochkunst wurde 1996 mit einem *Michelin*-Stern belohnt, zwei Jahre später folgten der zweite Stern und viele weitere hochgradige Auszeichnungen, unter anderem vom *Espresso* und *Gambero Rosso*. Seit 2010 ist er Präsident der italienischen Kommission für den hochkarätigen Wettbewerb Bocuse d'Or und engagiert sich stark für unterschiedliche wohltätige Zwecke, unter anderem für das Progetto Mondo MLAL.

Neben etlichen Aktivitäten unter anderem in Hongkong und New York legt er seit einiger Zeit seinen Schwerpunkt erneut auf Verona, und dieses Mal auf die Altstadt. 2014 besann er sich auf seine Wurzeln, die süßen, unwiderstehlichen Verführungen. Nur einen Steinwurf von der Arena entfernt eröffnete er seine eigene Konditorei, die Dolce Locanda. In dem kleinen Raum mit verlockenden Kuchen, Törtchen und natürlich der klassischen *millefoglie* können Süßschnäbel durch ein großes Glasfenster zusehen, wie die sündigen Köstlichkeiten entstehen.

^ Giancarlo Perbellini in seiner Casa Perbellini.

Nach dem gleichen Prinzip gestaltete er auch sein neues Ristorante Casa Perbellini direkt an der Piazza San Zeno in Verona, das er im Dezember 2014 eröffnete. Im neuen, stets mit zwei Sternen gekrönten Restaurant kann der Gast Giancarlo Perbellini und seiner Kochcrew über die Schultern schauen. Casa Perbellini gleicht mit ihren 25 Plätzen einem Wohnzimmer und es ist faszinierend, den geschickten Händen zuzusehen, wie sie die leckeren Gerichte auf den Tellern drapieren. Wer nun vermutet, dass es in der Küche lautstark zugehe und das aparte »Wohnzimmer« von einer Duftwolke eingehüllt sei, irrt gewaltig. Kein lauter Ton und keine, wenn auch noch so verlockenden Düfte strömen aus der Küche. Wie von Geisterhand entstehen Kunstwerke, die jedem Genießer das Wasser im Mund zusammenlaufen lassen. Auch optisch signalisieren die Köche in der Casa Perbellini den etwas anderen Stil, den ihr Chef eingeführt hat: keine weißen Kochjacken und hohen Kochmützen, stattdessen beige Schlägerkappen und lässige Westen. Leger, aber dennoch stilvoll ist auch der Service. Aufmerksam, aber nicht aufdringlich, profundes Wissen, aber nicht belehrend – das schätzt der Genießer. Endlich mal keine steifen Ober, die eleganter und arroganter sind als die Gäste, sondern eine wohltuend lockere, angenehme Atmosphäre.

42

PINO CASTAGNA

Die Natur und der menschliche Körper sind die besten Motive

Fährt man von Garda hinauf nach Costermano, sieht man auf der linken Seite riesige Skulpturen aus Stahl und Beton. Es war das Atelier des weltberühmten Künstlers Pino Castagna, der am 22. Februar 2017, zwei Tage vor Vollendung seines 85. Geburtstags, gestorben ist. Geboren wurde der Bildhauer, Zeichner und Keramiker am 24. Februar 1932 in Castelgomberto nahe Vicenza. Mit elf Jahren kam er ins Internat nach Desenzano, wo er den Maler Ferlenga kennenlernte, der ihn die Grundlagen des Zeichnens lehrte. Infiziert von der Kunst studierte er an der Accademia Cignaroli in Verona und in der Accademia di Belle Arti in Venedig. Von 1959 bis 1962 arbeitete der kreative Künstler mit dem schottischen Bildhauer Michael Noble zusammen und verwirklichte mit ihm die Idee, psychisch behinderten Menschen durch Förderung ihrer künstlerischen Fähigkeiten zu neuer Lebensfreude zu verhelfen. Sie errichteten eine Malerei- und Keramikwerkstätte in der Villa Borletti in Garda, wo neben Gemälden beachtenswerte Arbeiten aus Keramik, Stein und Holz entstanden.

Seine Werke sind weltweit ausgestellt – wie etwa die überdimensionale Skulptur *La Cascade de Beynost* in Lyon – und natürlich vor allem in der Nähe von Costermano zu finden. Berühmt ist sein dem Holocaust gewidmetes Denkmal *Stacheldraht* auf der Piazza Isolo in Verona, das 2009 eingeweiht wurde. Auch wenn seine Plastiken und Skulpturen sehr abstrakt sind, man kann als Betrachter sehr gut die Natürlichkeit der Formen nachempfinden. Pino Castagnas künstlerische Vielfältigkeit durch alle Bereiche und alle Werkstoffe schien grenzenlos. Auf die Frage, mit welchem Material er am liebsten arbeite, meinte er: »Das hängt ganz davon ab, was ich gestalten will und was ich dafür am geeignetsten halte. Es gibt keinen Favoriten, es ist wie mit Kindern, man liebt sie alle.«

Apropos Kinder, seine Tochter Sveva führt das Keramikatelier in Costermano weiter. Den kleinen Keramikladen in Garda hat sie nach dem Tod ihres Vaters ins Atelier nach Costermano verlegt, wo man schöne Gebrauchsobjekte (Vasen, Geschirr, Spiegel usw.) kaufen kann.

43

RISO

Wo sich Karpfen in den Reisfeldern tummeln

Südlich vom Flughafen Verona wird die Landschaft immer flacher und die Dörfer erinnern mehr und mehr an die alten Filme von Don Camillo und Peppone – landschaftlich wahrlich keine Offenbarung. Wer jedoch gern Risotto isst, für den lohnt sich die Fahrt nach Isola della Scala, der Hauptstadt des Reisanbaus, allemal. Im Frühsommer, wenn die grünen Spitzen der Pflanzen aus der patschnassen Erde sprießen, verleiht das der ansonsten ein wenig trostlosen Gegend Charme. Betrachtet man die gefluteten Felder etwas näher, kann man beobachten, wie sich Baby-Karpfen zwischen den Pflanzen bewegen. Was aber machen Karpfen im Reisfeld? Sie sind die biologischen Schädlingsbekämpfer!

Die Fische fressen die unliebsamen Tierchen, die sich über dem Wasser tummeln, und erreichen gut gesättigt bis zum Herbst ein stattliches Gewicht von einem Kilogramm. Bevor das Wasser aus den Reisfeldern abgeleitet wird, fischt man die ausgewachsenen Fische ab und siedelt sie entweder in einen Teich um oder verspeist sie genussvoll. Ein beliebtes Gericht im Spätherbst sind filetierte Karpfen, in Streifen geschnitten und in Olivenöl frittiert, auf einem cremigen Risotto.

Diese typische Spezialität wird gern in den Risotto-Ristoranti in Isola della Scala Ende September, Anfang Oktober während der Fiera del Riso (Reisfest) serviert. Das Fest dauert etwa vier Wochen, und in dieser Zeit gleicht das sonst von Fremden wenig frequentierte Dorf dem Oktoberfest.

44

ROMEO UND JULIA

Verona sagt: Grazie mille, William Shakespeare

»Es ist die Nachtigall und nicht die Lerche«, sagte Julia nachts zu Romeo vermutlich dort, wo die große Liebe ihr tragisches Ende fand und sich heute Menschenmassen versammeln, um der armen Bronze-Julia über den Busen zu streicheln in der Hoffnung, die große Liebe zu finden. Zur damaligen Zeit war es Mode, auf den Balkons in der Altstadt Vögel in Käfigen zu halten, und man stelle sich vor, welch herrliches Gezwitscher in den engen Gassen zu hören war. Shakespeares erfundene Geschichte hat die Stadt Verona zu *der* romantischen Stadt der Liebe weltweit gemacht.

Mit dem Slogan »Se tu ami qualcuno portalo a Verona« (Wenn du jemanden liebst, bring ihn nach Verona) lockt die Stadt um den 11. Februar, also um den Valentinstag, mit vielen Darbietungen rund um die Liebe Liebespaare oder solche, die es werden wollen, aus aller Welt an. Die ganze Altstadt ist an diesen Tagen mit Herzen geschmückt, in den Restaurants werden Liebesmenüs angeboten und im kleinen Hof der Casa di Giulietta in der Via Cappello betrachten noch mehr Paare als sonst ehrfurchtsvoll den Balkon und kleben mit Kaugummi heiße Liebessprüche an die Wand.

»Heute abend hätte ich können in Verona sein, aber es lag mir noch eine herrliche Naturwirkung an der Seite, ein köstliches Schauspiel, der Gardasee, den wollte ich nicht versäumen und bin herrlich für meinen Umweg belohnt.«

Johann Wolfgang von Goethe

Alljährlich kommen zwei Millionen Besucher, um den romantischsten Balkon der Welt zu sehen, und keiner stört sich daran, dass das berühmte Liebespaar der Weltliteratur in Wirklichkeit nicht existierte. Shakespeare hat mit seiner ausdrucksvollen und einzigartigen Sprache die Liebenden von Verona unsterblich gemacht. Hinzu kommt, dass die wunderschönen Gassen das Flair der Renaissance erwachen lassen und die Fantasie der Besucher Kapriolen schlägt. Ein wenig verwunderlich ist es, dass nur wenige den Weg zum angeblichen Grab der Julia – der *Tomba di Giuletta* – im ehemaligen Kapuzinerkloster S. Francesco al Corso in der Via del Pontiere suchen, wo in der Krypta ein schlichter Steinsarkophag steht. Aber wer will schon einen Sarg sehen, wenn man sich mit Giuletta im Arm unter dem romantischen Balkon fotografieren lassen kann?

HOTEL
PIZZERIA

45

SAGRA

Kaum ein Gemüse, Obst oder Wein ohne eigene Sagra

Sagra heißt übersetzt Kirchweihfest, Dorffest, Volksfest oder auch Kirmes, und diese Feste sind rund um den Gardasee ebenso beliebt wie in deutschen Regionen. Fast jedes Dorf hat seine eigene *Sagra,* und die meisten drehen sich um landwirtschaftliche Produkte, die in der Region hergestellt werden. Manchmal ist aber der Protagonist auch ein Heiliger, der im Dorf besonders verehrt wird. Allein in der Provinz Veneto gibt es an die 200 *Sagre*, die vorwiegend von den jeweiligen Ortsverbänden, Kirchengemeinden oder Vereinen veranstaltet werden.

Die Saison beginnt im Mai mit den *Sagre di asparagi* (Spargelfest) in Cavaion, und dann geht es richtig los. Es gibt eine *Sagra di melone*, eine *Sagra dei bisi* in Colognola ai Colli, das Fest zur Ernte der zarten Erbsen, und es gibt das Chiarettofest in Bardolino und eine *Sagra*, die sich nur um Craft-Bier dreht, das in Italien derzeit hoch im Kurs steht. Im August, wenn die Sternschnuppen vom Himmel fallen, wird die *Sagra di San Lorenzo* gefeiert, und wenn der Herbst kommt, geht man zur *Sagra di marrone* in San Zeno oder zur *Sagra di tartuffi* in Tignale. Nicht zu vergessen die vielen Wein- und Traubenfeste rund um den See.

Mittlerweile sind einige Dorffeste Touristenmagnete geworden, denn es dreht sich eigentlich immer um typische Produkte, daraus hergestellte Gerichte und um heimische Weine. Da kommt gute Laune auf, man sitzt mit den Einheimischen zusammen und erfährt so einiges über die Tradition und die Gepflogenheiten des Dorfes.

‹ Fast jeder Ort am Gardasee feiert mindestens eins der beliebten Feste, Bardolino gleich mehrere.

46

SAN ZENO MAGGIORE

Die romantische Basilika mit dem Glücksrad

Die Basilika von San Zeno wurde von König Pippin im 9. Jahrhundert auf einer bereits bestehenden Kirche (362–380) erbaut. Pippin, Sohn Karls des Großen, residierte in Verona und ließ vor den Toren der Stadt eine kleine Klosterstadt errichten – die weitläufige Benediktinerabtei San Zeno. Gleich nachdem sie beim Erdbeben 1117 zerstört wurde, baute man die Kirche wieder auf, und zwar im Stil der Romantik mit einigen gotischen Elementen. Die Fassade, die in der zweiten Hälfte des 12. Jahrhunderts gestaltet wurde, zählt zu den bedeutendsten Kirchfassaden der Romantik. Kunsthistoriker stellen natürlich sofort fest, dass der Chor sich deutlich vom Stil der Fassade abhebt. Er wurde 1386 im gotischen Stil umgestaltet und mit den damals in Mode gekommenen Schichtenornamenten ergänzt.

Absolut sehenswert ist das riesengroße Rosettenfenster über dem Eingangsportal, das ein Glücksrad darstellen soll. Schaut man nämlich ganz genau hin, sieht man auf dem äußeren Ring des Fensters einen Mann, der nach rechts herunterfällt, sich am Boden krümmt und links wieder emporgehoben wird. In die Radnarbe ist – schwer leserlich – folgender lateinische Text eingemeißelt, der übersetzt besagt: »Ich bin das Glück, regiere die Sterblichen, erhebe und stürze, gebe allen Gutes und Böses. Ich kleide die Nackten und entkleide die Angezogenen. Wer sich auf mich verlässt, den lache ich aus.«

Allein betrachtet, versteht man die Botschaft des Glücksrads nur schwerlich, es ergibt erst im Zusammenhang mit dem Relief des Jüngsten Gerichts einen Sinn. Dieses befand sich einst oberhalb des Rades im Giebel der Fassade und ist jetzt im Kreuzgang. Nun wird die Botschaft an die Gläubigen verständlich, die in erster Linie Gottesfürchtigkeit vermitteln sollte: Vertraut nicht auf das wankelmütige irdische Glück, sondern seht zu, dass ihr beim Jüngsten Gericht auf der Seite der Seligen steht!

Angstmachen gehörte zur Katholischen Kirche und die Menschen im Mittelalter gaben für die ewige Seligkeit den letzten Taler her. Das erklärt, weshalb in einer Zeit, in der die Bevölkerung Veronas nicht einmal ein Fünftel der heutigen ausmachte, so viele Kirchen gebaut wurden. Schön für das Stadtbild und die Touristen, sie jedoch alle zu erhalten, beutelte das Stadtbudget stets erheblich.

Wie dem auch sei, Verona zu verlassen, ohne die beeindruckende Basilika San Zeno Maggiore besichtigt zu haben, wäre ein Fehler.

47

SCHNEELANDSCHAFT

Skifahren am Monte Baldo mit dem See im Blickfeld

Von Januar bis März kann man, wenn der Winterwettergott mitspielt, auf dem Monte Baldo Schneespaß in vollen Zügen genießen. Es kann durchaus passieren, dass sich in einer Bar am Seeufer in Bardolino oder Garda im März Freunde treffen, bei denen einer vom Skifahren kommt, der andere vom Golfen und ein weiterer vom Segeln – ein echtes Paradies für Sportler.

Während man das ganze Jahr hindurch golft und segelt, ist die Zeit des Skifahrens schon begrenzt. Richtige Superskifahrer finden hier zwar nicht ihre Traumpisten, werden aber mit einem atemberaubenden Blick auf den Gardasee belohnt. Bevor man mit der *Funivia* (Seilbahn) hinauf zur Prà Alpesina fährt, erkundigt man sich am besten vorher über die Schneeverhältnisse. Denn so schön die Fahrt auf den Monte Baldo auch ist, die Warteschlangen sind lang – nicht nur im Sommer, sondern auch im Winter, wenn Schnee liegt. Dann vielleicht doch besser die nächste Bar am Lungolago aufsuchen und einen Cappuccino oder Aperitivo trinken.

Schneesicherer sind die Skigebiete San Valentino und Polsa, die man entweder von Rovereto Süd oder von Avio aus erreicht. In Polsa lockt einer der ältesten Trentiner Snowparks, der Polsa Double Park, den man mit einem kuppelbaren Vierersessellift erreicht und der vor allem Snowboardern in sonniger Lage gut präparierte Pisten verschiedener Schwierigkeitsgrade bietet. Und weil Skifahren, Snowboarden oder Schlittenfahren hungrig macht, gibt es auf der Trentiner Seite einige Einkehrhütten mit herzhafter Kost wie *Strangolapreti* oder Polenta mit Hauswurst und dazu einen typischen Rotwein der Region, den Marzemino.

48

STÄDTEPARTNERSCHAFT

Münchner-Kindl-Brunnen im Tausch für zwei Julia-Kopien

Seit 1960 ist München offizielle Partnerstadt von Verona, es war die zweite Partnergemeinschaft nach Edinburgh im Jahr 1954. Initiator dieser Städtepartnerschaft war Thomas Wimmer (1887–1964), der damalige Oberbürgermeister von München. Obwohl die Münchner schon immer einen Drang in Richtung Süden hatten und die

Campingplätze am Gardasee bereits in den Sechzigerjahren von ihnen bevölkert waren, für die Städte München und Verona standen wirtschaftliche Aspekte im Vordergrund.

Allen voran war es ein Ziel, die Zusammenarbeit der beiden Großmärkte zu stärken, die eine wichtige Drehscheibe für den Lebensmittelhandel zwischen Nord- und Südeuropa waren und sind.
Am 14. Mai 2010 feierte man im festlichen Rahmen in Verona das 50-jährige Bestehen mit dem »Anniversario del gemellaggio con Monaco di Baviera«. Auf der Piazza Brà nahe der Arena herrschte schon Tage vor der Ankunft der offiziellen Delegation Oktoberfeststimmung! In einem Festzelt gab es bayerisches Bier und typische Spezialitäten aus Bayern, natürlich begleitet von zünftiger Blasmusik. Der damalige Münchner OB Christian Ude und der Bürgermeister von Verona Flavio Tosi waren begeistert vom bajuwarisch-italienischen Ambiente und es zeigte sich wieder einmal, dass diese beiden Städte nicht nur wirtschaftliche Interessen verbindet, sondern vor allem Freude am Genießen und Feiern. Da störte es auch kaum, dass die beiden Oberhäupter der Städte politisch weit auseinanderlagen. Während in München von 1960 bis heute die SPD das Sagen hat, wurden in Verona die Christdemokraten zuerst von der Forza Italia, dann von der Partei La Margherita abgelöst und zum Zeitpunkt der 50-jährigen Partnerschaft war Falvio Tosi von der Lega Nord im Amt. Er war dafür bekannt und auch bei den Einwohnern geschätzt, dass er, wie man sagte, »endlich mal aufräumte«. Er war von 2007 bis Juni 2017 im Amt.

Wie es bei Städtepartnerschaften üblich ist, werden Geschenke ausgetauscht. So erhielt Flavio Tosi 2010 das Münchner Kindl aus Nymphenburger Porzellan und Christian Ude konnte sich über edle Weine aus dem Veroneser Anbaugebiet freuen. Das Gastgeschenk der Cassa di Risparmio von Verona für München, das jeder Tourist in der bayerischen Landeshauptstadt bestaunen kann, ist eine Kopie der Julia-Statue. Und davon gibt es gleich zwei: Eine steht vor dem Turm des Alten Rathauses, eine zweite auf dem Shakespeareplatz in Bogenhausen. Die Veroneser erhielten als Gastgeschenk, gestiftet von der Stadtsparkasse München, den Münchner-Kindl-Brunnen, der auf der Piazza Brà steht.

49

TAMBURELLO

Was bedeuten die eigenartigen Pingpong-Schlaggeräusche?

Tamburello heißt »kleine Trommel« und ist eine uralte Sportart – eine Variante davon wurde schon im antiken Rom gespielt. Seither ist dieser dem Tennis ein wenig ähnliche Sport vorwiegend in Italien und da insbesondere in norditalienischen Dörfern verbreitet. Die erste italienische Meisterschaft wurde 1896 ausgetragen. 1908 wäre Tamburello beinahe olympisch geworden, hätte die Olympiade in Rom stattgefunden. Da jedoch das Stadion nicht rechtzeitig fertig wurde, verlegte man kurzerhand die Spiele nach London und dem Tamburello-Sport blieb die internationale Anerkennung versagt. Seit 1920 gibt es festgeschriebene, bis heute gültige Spielregeln und 1946 wurde die Federazione Palla Tamburello gegründet, ein offizieller Sportverein, der Turniere und Wettbewerbe organisiert.

Es kann durchaus vorkommen, dass man in einigen Dörfern im Hinterland des Gardasees, zum Beispiel in Cavaion, Bardolino, Bussolengo, Sommacampagna, Ponti sul Mincio oder Solverino, ungewöhnliche Pingpong-Schlaggeräusche hört. Bei näherem Hinsehen stellt man fest, dass es sich um einen Mannschaftssport handelt, bei dem jeweils fünf gegen fünf mit einem Schläger, der an ein Tamburin erinnert, einen Gummiball hin und her schlagen. Die meisten Tamburello-Spiele finden im Freien auf einem rechteckigen, durch Linien begrenzten Spielfeld statt, das 80 Meter lang und 20 Meter breit ist. Im Abstand von etwa 35 Metern von der Mittellinie aus gibt es auf jedem Spielfeld eine Aufschlaglinie. Der Spielball ist aus Gummi, hat einen Durchmesser von sechs Zentimetern und wiegt knapp 90 Gramm. Der Ball muss ins gegnerische Spielfeld gespielt werden und darf dort höchstens einmal auf dem Boden aufkommen, bevor er zurückgespielt wird. Das Zuspielen innerhalb der Mannschaft ist nicht erlaubt. Kommt ein Ball mehr als einmal auf oder wird nicht ins gegnerische Feld zurückgespielt, bekommt die gegnerische Mannschaft einen Punkt. Die Zählweise ist dem Tennis ähnlich (0-15-30-40-Spielgewinn, ohne Einstand/Vorteil). Sieger einer Begegnung ist die Mannschaft, die mindestens zwei Punkte Vorsprung hat.

Anscheinend haben sich doch schon einige Touristen von dem anmutigen Spiel animieren lassen, denn mittlerweile gibt es auch in Deutschland in einigen Sportvereinen eine Abteilung Tamburello, und im Januar 2010 wurde der Deutsche Tamburello Sportverband e.V. in Hannover gegründet.

50

TENUTA UGOLINI

Niemals aufhören zu träumen, manchmal werden Träume wahr

Giambattista Ugolini ist mit seinen zwei Brüdern auf einem Bauernhof nahe Fumane aufgewachsen. Für seinen Vater wie schon für seinen Urgroßvater waren die Weinberge das Wichtigste, und diese Leidenschaft hat Giambattista, der älteste der Brüder, übernommen. Seine Philosophie lautet: Alles muss im Gleichgewicht sein. Die Rebstöcke müssen mit der Natur im Einklang stehen, nur dann sind sie frei von Krankheiten und die Trauben haben die erwarteten Aromen. Als Vater Ugolini vor gut 20 Jahren starb, musste sich natürlich der Älteste um die Geschicke des Weinguts kümmern. Er hatte allerdings damals einen Traum: Unweit seines Elternhauses gab es einen sanften Hügel, auf dem ein prachtvolles Palais stand, und das wollte er eines Tages besitzen.

Er wusste ebenso wie sein Vater, der schon damals neben der Landwirtschaft einen Handel mit Diesel betrieben hatte, dass so ein Traum allein mit der Arbeit im Weinberg nicht zu schaffen war. Deshalb bewarb er sich bei Agip und arbeitete zehn Jahre hart und ausdauernd im In- und vor allem im Ausland. Zurück in seiner geliebten Heimat, eröffnete er gemeinsam mit seinen Brüdern mehrere Tankstellen in der Provinz Veneto. Und während sich die Brüder Davide und Tiziano um den Treibstoffhandel kümmern, hat Giambattista seinen Traum tatsächlich verwirklicht. Er kaufte die Villa San Michele und die dazugehörenden Gärten und Weinberge. Die Villa ließ er schlicht, aber mit viel Gespür für edle Materialien wie Tuffstein und Holz renovieren. Heute ist sie Sitz der Tenuta Ugolini. Im oberen Bereich sind sechs Zimmer für Gäste, die in Ruhe die Schönheit der Valpolicella genießen können.

Obwohl Giambattista Ugolini glücklich ist, dass er diesen Besitz erwerben konnte, noch wichtiger waren ihm die Weinberge. Früh schon hat er damit angefangen, auf chemische Mittel zu verzichten, für ihn war dies nicht eine Frage von »bio«, sondern eher eine der Ethik. Deshalb war er anfangs nicht daran interessiert, die Weine zertifizieren zu lassen. Aber nachdem der Markt es verlangte, erhielt er drei Jahre nach der Anfrage das Biozertifikat und im Dezember 2016 auch das Zertifikat für Biodiversität. Sein Ziel ist es nun, in Zusammenarbeit mit der Universität Verona biodynamische Weine zu erzeugen. Es sind ausschließlich Rotweine, die klassischen fünf Sorten der Valpolicella, alle geprägt von Eleganz.

Neben den biologisch zertifizierten Rotweinen hat Giambattista eine weitere Leidenschaft: Olivenöl. Die Früchte aus drei verschiedenen Olivenhainen werden von Hand geerntet und schonend innerhalb von 24 Stunden gepresst. Das Öl wird ohne Sauerstoffzufuhr in Stahltanks aufbewahrt, bevor es in den Verkauf kommt. Die drei Sorten unterscheiden sich deutlich im Geschmack – das ist auf die verschiedenen Bodenbeschaffenheiten zurückzuführen. Auch in den zwölf Ugolini-Tankstellen ist Giambattista vertreten: Auf einem großen Bild ist die Tenuta Ugolini zu sehen!

51

THERMALPARK

Heiße Quellen unter ausladenden Zedern

Prächtige Zedernbäume sind die Namensgeber des Parco Villa dei Cedri, aber es gibt in diesem kultur- und geschichtsträchtigen Park in Cola, einem Ortsteil von Lazise, bei Weitem nicht nur Zedern, sondern über 60 unterschiedlichste mediterrane und exotische Pflanzen. Der von einer Mauer umgebene, 13 Hektar große Park wurde zwischen dem 18. und 19. Jahrhundert im Stil englischer Gärten, die damals groß in Mode waren, angelegt. Dank des milden Klimas und der idealen Bodenverhältnisse gedeihen Lorbeersträucher, Magnolien, Ginkgos, Palmen, Sumpfzypressen und riesige Mammutbäume. Jahrhundertelang war es ein romantischer Garten, durchzogen von Pfaden und Wasserläufen – ein wahrer Jungbrunnen für Seele und Körper.

Und heute? Eigentlich hat sich nicht so viel verändert – der Parco Villa dei Cedri ist nach wie vor ein Ort, um die Seele baumeln zu lassen, nur dass nun Thermalwasser in den kleinen romantischen Seen unter schattigen Baumriesen für die Gesundheit sorgt. Und dieses Wasser entdeckte Dott. Vittorio Nalin per Zufall. Eigentlich wollte er 1989 als damaliger Geschäftsführer des Parks das Bewässerungssystem verbessern. Man stellte jedoch fest, dass die Wassermenge nicht ausreicht, um die 13 Hektar zu bewässern. Also wurden Bohrungen vorgenommen, um neue Wasserquellen zu erschließen. Es hat sich gelohnt, denn man entdeckte gleich zwei warme Quellen in 160 und 200 Meter Tiefe. Das Wasser floss und floss und nach der Analyse war klar, dass nun der Park nicht nur ein wahres Gartenkleinod ist, sondern ein prachtvolles Thermalparadies.

Das 36 Grad warme Wasser ist reich an Bikarbonat, Kalzium, Magnesium und einer nicht unbedeutenden Menge an Silizium. Es ist optimal zur Rehabilitation bei Sportverletzungen, hilft bei Hauterkrankungen und nicht akuten Erkrankungen des Bewegungsapparats sowie bei Venen- und Lymphgefäßleiden. 1998 wurde das Mineralwasser der Villa dei Cedri vom italienischen Gesundheitsministerium auch als Heilwasser für Trinkkuren anerkannt. Es gibt zwar nahe dem Gardasee einige Thermalbäder, aber sich in natürlichen Seen oder Grotten gesund zu entspannen, und das in einer grandiosen, jahrhundertealten Parkanlage mit faszinierenden Bäumen und mediterranen und exotischen Pflanzen, das ist einmalig.

52

TOURISTENMAGNET

Auf den Spuren einer 2000-jährigen Geschichte

Wie Rom in die Tiberschleife, so kuschelt sich Verona in die Etschschleife, und wenn die Sonne über dem Gardasee versinkt, werden die Palazzi der Stadt mit den letzten Strahlen vergoldet. Wer das erlebt hat, versteht, weshalb Verona von seinen Einwohnern liebevoll »die Schöne an der Etsch« genannt wird und Jahr für Jahr die Touristen in Scharen kommen. Die geografische Lage war immer ein Riesenvorteil – wie man aus frühesten Funden ersehen kann, geht die Geschichte Veronas auf das 4. Jahrhundert v. Chr. zurück.

Zu Zeiten der Römer war die Stadt an der Etsch ein wichtiges wirtschaftliches und politisches Zentrum, erkennbar an den noch vorhandenen Bauwerken wie der Arena, dem römischen Theater, der Porta Borsari oder der Porta Leoni. Als das Römische Reich an Bedeutung verlor, waren die damals angelegten Straßen über den Brenner nach

Germanien dennoch keineswegs nutzlos. Sie wurden nämlich in entgegengesetzter Richtung für die Völkerwanderungen genutzt. Die erste Touristenwelle löste vor 200 Jahren Johann Wolfgang von Goethe aus, der Verona einige Seiten in seiner *Italienischen Reise* widmete.

Gemessen an dem daraufhin beginnenden Besucherstrom war die Völkerwanderung ein Rinnsal. Was die Westgoten, die Hunnen und Germanen in 100 Jahren nicht schafften, bevölkert heute in der Sommersaison die Stadt. Jedoch bleibt keiner sehr lange, das haben die Touristen mit den alten Volksstämmen gemeinsam. Lediglich die Langobarden hielten die Stadt über 200 Jahre besetzt und hinterließen bis heute sichtbare Spuren, zum Beispiel die Kirche San Zeno. Sie wären sicherlich noch länger geblieben, hätte der Papst nicht Karl den Großen zu Hilfe gerufen, um Verona von den Ungläubigen zu befreien. Als Dank für die gewonnene Schlacht gegen die Langobarden setzte er ihm die Kaiserkrone auf und von da an blieb Verona die nächsten 400 Jahre kaisertreu, was man an den *Merli ghibellini*, den typischen Schwalbenschwanzzinnen, nachvollziehen kann. Prominent findet man sie am doppelbogigen Tor zur Piazza Brà, am Castelvecchio, der Fluchtburg der Scaliger, und am Palazzo del Governo. Sie symbolisierten damals die papstgetreuen Städte.

Es sind die unterschiedlichen Architekturepochen, beginnend in der römischen Zeit bis hin zu den prachtvollen Palästen aus dem 17. und 18. Jahrhundert, vom Mittelalter über die Scaliger bis hin zur Renaissance, die den Charme der Stadt ausmachen. Und das Beste ist: Alles lässt sich fußläufig erkunden!

53

VERKEHRSCHAOS

Pittoreske Altstadt, die man samstags besser meidet

Das von Mauern und Wasser umgebene Städtchen ist ein echtes Kleinod, wenn man es geschafft hat, bis in die Altstadt vorzudringen. Das ist aber vor allem an den Wochenenden eine Herausforderung, denn Peschiera ist ein wichtiger Verkehrsknotenpunkt. Hier mündet die in den Sommermonaten ohnehin stets staugeplagte Gardesana in die Autobahn A4 Richtung Mailand oder über Verona Richtung Venedig. Diejenigen, die Richtung Brenner wollen, müssen erst mal auf die *Superstrada* nach Affi fahren, und das bedeutet in der Hochsaison Geduld, Geduld und noch mal Geduld. Auf den ohnehin ziemlich verzwickten Auf- und Abfahrten zur Autobahn müssen sich dann diejenigen noch durchschlängeln, die es ins romantische Städtchen Valeggio zieht, um die feinen Tortellini zu genießen, oder die auf den Golfplatz von Peschiera möchten. Einige An- und Abreisende sind hektisch, um ihren Zug rechtzeitig zu erreichen, denn schließlich ist es der einzige Bahnhof auf der veronesischen Seite des Sees und dummerweise liegt er nahe dem Kreisverkehr, der entweder ins *Centro storico* oder zur Autobahn führt.

Ein Trost: Während der Woche – und nicht gerade zur Rushhour oder am Montag, wenn Markt ist – sollte man es wagen, die wirklich hübsche Altstadt, die auf drei Inseln gebaut wurde, zu besuchen. Überragt wird Peschiera von einer mächtigen Burg, einem Relikt, das an das Herrschergeschlecht der Scaliger erinnert. In der Altstadt laden viele Geschäfte, Bars und Ristoranti zum Bummeln und Shoppen ein. Wer eher Ruhe und Entspannung sucht, leiht sich ein Fahrrad und radelt auf dem gut ausgebauten Weg entlang des smaragdgrünen Mincio, dem einzigen Abfluss des Gardasees, nach Borghetto oder gleich weiter bis nach Mantua.

54

VINTAGE

Eine Stadt mit vielen Events

Man könnte sagen, in der Kleinstadt am Mincio, etwa 15 Autominuten vom Gardasee entfernt, leben Menschen, die gern feiern. Es vergeht kein Monat, in dem nicht ein Fest stattfindet. Und die sind nicht für Touristen ausgerichtet, obwohl von Jahr zu Jahr mehr Gardasee-Urlauber das reizenden Städtchen Valeggio mit dem romantischen Stadtteil Borghetto besuchen und liebend gern zu den Stadtevents kommen. Bereits einen internationalen Ruf unter Antiquitätenhändlern und -freunden genießt der traditionelle Antiquitätenmarkt, der jeden vierten Sonntag im Monat von Januar bis November stattfindet. Über 100 professionelle Aussteller und zahlreiche Hobbyhändler bieten seltene Gegenstände meist hoher Qualität an, von Kronleuchtern und Stehlampen bis hin zu Möbeln, Bilderrahmen, englischem Silber, antiken Reisekoffern und seltenen Büchern. Die Ausstellungsfläche erstreckt sich von der Piazza San Carlo Alberto bis auf die angrenzenden Straßen des historischen Zentrums.

Im Frühjahr heißt das Motto eines Festes im pittoresken Mühlendorf Borghetto »Colori, Sapori e Profumi di Primavera«. Dabei dreht sich alles um frische, duftende Blumen und die vielen schönen Dinge des Frühlings. Schon fest im Eventplan der Stadt integriert ist das alljährlich Anfang September stattfindende Genussfestival Tortellini e Dintorni. Drei Tage lang stehen die kulinarischen Spezialitäten von Valeggio im Vordergrund, allen voran die klassischen Tortellini, aber auch süße Naschereien wie die Torta delle Rose oder die aromatischen Pfirsiche, eingelegt oder zu Konfitüre verarbeitet. Begleitet werden die Köstlichkeiten von den heimischen Weinen DOC Bianco di Custoza und Bardolino, die rund um die Stadt gedeihen. Und untermalt werden die drei Genusstage im *Centro storico* mit Musikdarbietungen, einem Straßentheater und vielen Menschen, die einfach nur Spaß am Genießen haben.

Zweimal im Jahr findet ein Spektakel statt, das 2009 ins Leben gerufen wurde und mittlerweile auch international einen beachtlichen Ruf hat: Valeggio veste il Vintage. Es ist eine faszinierende Reise in die Fünfziger- bis Siebzigerjahre – mit allem, was damals chic und edel war. Verrückte Hüte, witzige Sonnenbrillen, Handtaschen und Accessoires, natürlich Kleidung, aber auch Filme aus jener Zeit und Einrichtungsgegenstände. Jeweils an einem Sonntag im Frühjahr und im Herbst steht die Altstadt unter dem Motto »Alles Vintage«: Mode, Kultur, Musik und Freude am Entdecken. Dass in dieser Genussstadt dabei Essen und Trinken auch nicht zu kurz kommen, muss nicht extra erwähnt werden. Das ist nur ein kleiner Vorgeschmack von all dem, was dieses sympathische Städtchen an Festivitäten zu bieten hat. Nicht zu vergessen und sicherlich den höchsten Stellenwert hat die sensationelle, berühmte Festa Nodo d'Amore auf dem Ponte Visconteo, die jeweils am dritten Dienstag im Juni und 2018 zum 25. Mal sattfindet.

55

WEINFEST

Was als Winzerfest begann, ist nun das Oktoberfest des Weins

Die Festa dell'Uva e del Vino ist stark verwurzelt mit den Menschen von Bardolino. 1929 war es Luigi Torreasani, der das erste Weinfest zum Dank für die gesunden Trauben des Jahrgangs veranstaltete. In der ersten Zeit fand es ausschließlich auf der Piazza Matteotti statt, mit Zugängen zu den ionischen Säulen, wo es neben Kiosken mit Weinausschank auch Ausstellungen von Gerätschaften für die Kelterei gab. Es war ein kleines, aber in seiner Art äußert liebenswertes

Fest. Der älteste Kiosk ist der Stand der Alpini und es gibt ihn heute noch – seit mehr als 40 Jahren. Die Weine wurden anfangs aus Korbflaschen ausgeschenkt, erst nach der Gründung der DOC Bardolino gab es sie in den Dreiviertelliterflaschen. Damals organisierte man während des Festes Wettkämpfe auf dem See und zu Lande und Musikkapellen sorgten für eine gute Stimmung. Anfangs war es eher eine Messe, aber im Laufe der Zeit entwickelte es sich mehr und mehr zu einem heiteren Fest.

In den Siebzigerjahren begann der Tourismus zu florieren und als der ursprüngliche Platz für das Weinfest zu klein wurde, erweiterte man die Festivitäten in Richtung Lungolago Cornicello. Das hatte den Vorteil, dass es nicht mehr so eng war und die Gäste den Bardolinowein mit Blick auf den See genießen konnten. Bis heute findet die Festa dell'Uva e del Vino immer am ersten Wochenende im Oktober statt. Damals, weil die Weinernte und -verarbeitung abgeschlossen waren und Winzer in Ruhe das Ende eines langen Weinjahres feiern konnten, heute als Abschluss einer erfolgreichen Touristensaison.

Für viele Freunde des Gardasees ist das Weinfest in Bardolino das letzte Highlight des Jahres und da will man unbedingt dabei sein. Die Hotels in und um die Stadt sind zu dieser Zeit bereits Wochen vorher ausgebucht. Ähnlich wie beim Oktoberfest schieben die Menschen durch die Gassen, holen sich an den Winzerständen ihren Wein, versorgen sich mit leckeren regionalen Köstlichkeiten, lassen sich von den Livebands in Stimmung bringen und freuen sich am Sonntag auf das spektakuläre Feuerwerk am Nachthimmel über dem See! Dabei beschleicht fast alle ein wenig Wehmut, denn nun ist der Sommer endgültig vorbei.

56

WEINMYTHEN

Drei Personaggi setzen Meilensteine im Weinbau

Drei große Persönlichkeiten des Weins – Giuseppe Quintarelli, Gaetano Zeni, Sergio Zenato – sind leider nicht mehr unter uns, haben aber der Weinwelt des Veneto ein Denkmal gesetzt. »Quintarelli war die wahre Seele des Valpolicella!«: Das ist nicht nur so dahingesagt, es zeigt, wie groß der Respekt und die Anerkennung für diesen Ausnahmewinzer war und ist. Giuseppe Quintarelli, den seine Freunde »Bepi« nannten, wurde 1927 in Negrar im Herzen der Valpolicella geboren und übernahm 1950 den kleinen Weinbaubetrieb seines Vaters Silvio. Der Perfektionist begann sofort mit der Qualitätsverbesserung, aber erst nach einer Reise ins Burgund wurde ihm bewusst, wohin seine eigene Weinreise gehen soll. Er erkannte, dass seine Böden denen im Burgund ähnlich sind, und er hatte nur noch ein Ziel: auch im Valpolicella richtig große Weine zu machen.

Zeitlebens baute er seine Weine in Eichenfässern, worin er sie viele Jahre je nach Jahrgang reifen ließ, aus. Die ersten Etiketten hat seine Tochter Silvia in den Siebzigerjahren mit der Hand geschrieben. Heute dienen sie als Druckvorlage und sind unverkennbar und weltberühmt. Quintarelli war in seiner Heimat überaus beliebt, nicht nur, weil er als Erster ganz große Amarone von internationalem Ruf vinifizierte, sondern weil er stark mit der Tradition verwurzelt war. Im Probierkeller des zwölf Hektar großen Weinguts hängt ein Bild mit einem Leitspruch von Bepi Quintarelli: »La tradizione che dura nel tempo« (Die Tradition überdauert die Zeit). Ich bin glücklich, dass ich diesen Mythos der Valpolicella und einen wunderbaren Menschen 2008 noch persönlich kennenlernen und mit ihm seine herausragenden Weine verkosten durfte. Bepi Quintarelli ist am 19. Januar 2012 verstorben.

Ein echter Vorreiter für Qualität und Innovation im Bardolino-Gebiet war Gaetano Zeni oder, wie ihn seine Freunde nannten, »Nino«. Und Freunde hatte der sympathische Winzer genügend, denn er begrüßte alle mit einem Lächeln und diese von Herzen kommende Freundlichkeit gab er seinen Kindern weiter. Schon früh erkannte er, wie wichtig Touristen für Bardolino sind, er eröffnete das Museo del Vino, um anschaulich auf die Vielfältigkeit der Veroneser Weine hinzuweisen. Seine Leidenschaft galt dem Wein und den Weinbergen und er war ein Mensch mit Weitblick. Er war der Erste im gesamten Veroneser Anbaugebiet, der seine Weinberge nach Guyot-Erziehung bepflanzte. Winzer von umliegenden Regionen, auch von der Valpolicella, kamen, um sich die Pflanzungen anzusehen. Und was heute gang und gäbe bei vielen Winzern ist, praktizierte er bereits in den Achtzigerjahren: »Corvina Grossa in purezza« – also die heimische Rebsorte reinsortig ausbauen. Da er überzeugt war, dass diese Rebsorte besondere Aufmerksamkeit verdient, ließ er den Wein auch im Barrique reifen, zu jener Zeit ebenfalls eine Novität im Bardolino-Gebiet. Den Wein – Jahrgang 1986 – nannte er »Cruino« und musste ihn als Tafelwein verkaufen, da er nicht den damaligen Richtlinien des Consorzio entsprach.

»Und wirklich, der Gardasee ist das Kompendium Italiens für den Teutschen, aus dem er die Anfangsgründe italischer Schönheit in einem Sommermorgen erlernt.«

Heinrich Laubes

Von vielen wurde er für dieses Experiment belächelt, aber Nino ging unbeirrt seinen Weg, und wie man heute sieht, hatte er recht behalten. Nino Zeni, der viel zu früh, im September 2006 mit 67 Jahren, verstarb, war ein Erneuerer und ein Wegbereiter, stets fest verankert mit dem Boden, mit seinen Weinen, mit seiner

Familie und dem heiß geliebten Gardasee! Neben Wein war Segeln seine zweite Leidenschaft.

Sergio Zenato (1935–2009) war stets tief mit dem Luganagebiet verwurzelt, er probierte gern neue Techniken im Weinkeller aus und war von Anfang an überzeugt, dass in der autochthonen Rebsorte Trebbino di Lugana viel Potenzial steckt. Er begann sehr früh, sich neue Märkte außerhalb der veronesischen Grenzen zu erobern, vor allem in Deutschland und im Rest Europas, und er war in den Siebzigerjahren der Erste in der Region, der seine Weine nach Amerika exportierte. In den Achtzigern machte er die ersten Versuche, die Trebbiano-Trauben zu versekten, und zwar nach der Flaschengärmethode (*Metodo classico*).

Als er in den Neunzigerjahren mit seiner Frau Carla von einer USA-Reise zurückkam, erkannte er die Notwendigkeit für sich, einen kräftigen Rotwein zu keltern, nicht so komplex wie ein Amarone, aber vollmundig und angenehm trinkig. Das Terroir des Weinbergs Costalunga und die Rebsorten Corvina und Rondinella erschienen ihm dafür sehr geeignet. Nach der Ripasso-Methode kreierte er einen kraftvollen Roten, dessen erste Flasche 1992 auf den Markt kam und der mittlerweile in 65 Länder der Welt verkauft wird. Sergio Zenato war aber nicht nur bestrebt, sein eigenes Weingut voranzubringen, das nun, unterstützt von seiner Ehefrau Carla, die Kinder Alberto und Nadia führen, er setzte sich auch als Präsident des Consorzio Lugana für die stetige Qualitätssteigerung ein. Es würde ihn freuen, wenn er sehen würde, wie geschätzt Luganaweine heute international sind.

› Die handgeschriebenen Etiketten der Weinkellerei Quintarelli in Negrar sind unverkennbar und weltberühmt.

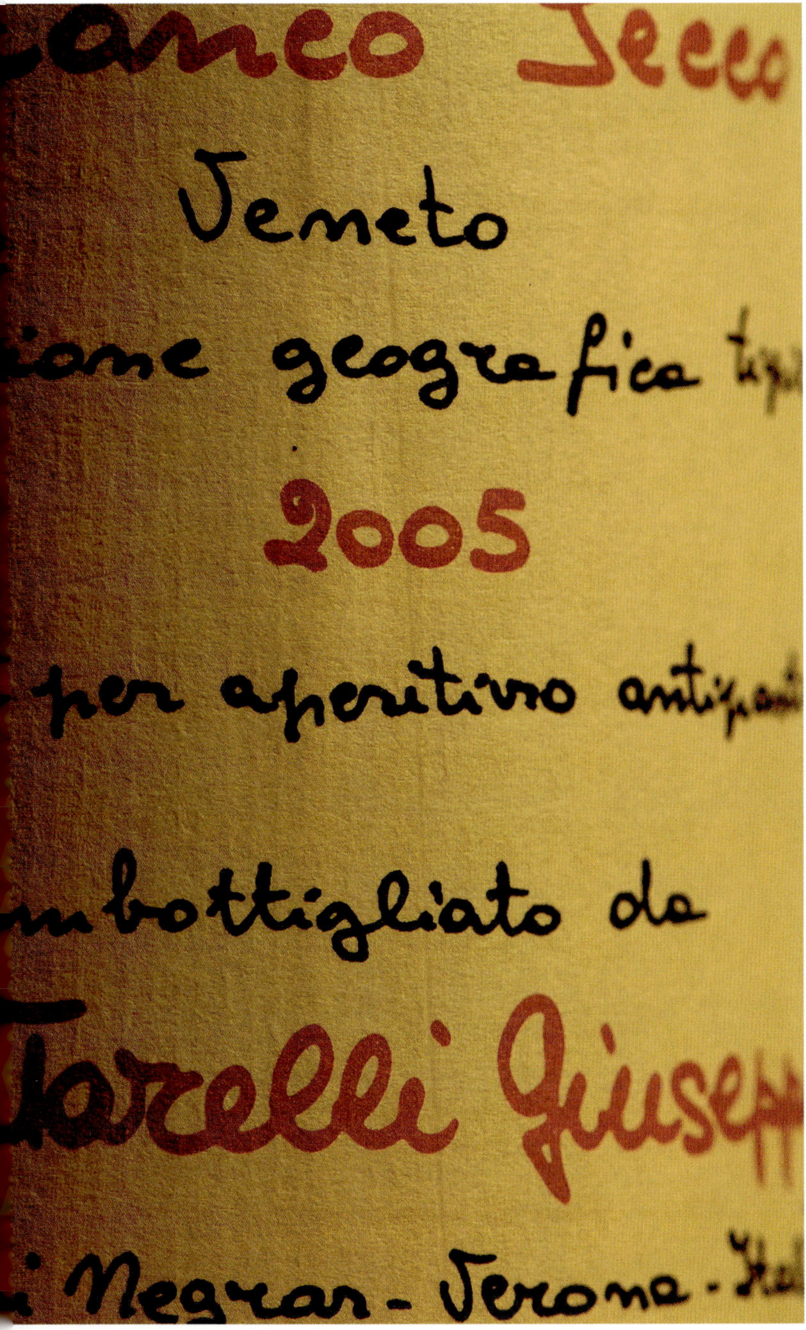
Veneto
geografica
2005
per aperitivo
bottigliato da
Negrar - Verona

III

DAS SÜD-LICHE, LOMBAR-DISCHE SEEUFER

Blick über den See bei Sirmione

57

AGRARLAND

Olivenbäume, Rebstöcke und ein himmlischer Seeblick

Das liebliche hügelige Hinterland zwischen Desenzano und Salò heißt Valtènesi, und hier wurde, so vermutet man, schon von den Etruskern Wein gekeltert. Der Weinbau spielt auch heute noch eine wesentliche Rolle, aber es hat lange gedauert, bis sich die Winzer endlich auf den Namen ihrer Region geeinigt haben. Vorher, nach mehreren Versuchen, den Weinen einen einprägsamen Namen zu verpassen, stand auf den Etiketten »Garda Classico«! Ganz schön verwirrend, denn es gibt auf der gegenüberliegenden Seite direkt am Ufer des Gardasees einen Ort, der Garda heißt. Wie soll ein Tourist da verstehen, woher der Wein wirklich kommt? Seit 2014 endlich heißen die Weine, die vorwiegend aus der heimischen roten Rebsorte Groppello vinifiziert werden und deren Rebstöcke auf dem Moränen-Amphitheater an der Südseite des Gardasees wachsen, »DOC Valtènesi«.

Die etwa 100 Winzer setzen voll und ganz auf ihre Rebsorte Groppello und keltern daraus entweder einen würzigen, trinkigen Rotwein mit eigenständigem Charakter oder einen fruchtbetonten, eleganten Roséwein mit dem traditionellen Namen »Chiaretto«. Bereits 2001 schlossen sich Winzer und Olivenbauern zusammen, um gemeinsam auf die Produkte, die Kultur und die wunderschöne Landschaft des Brescianer Seeufers aufmerksam zu machen. Sie gründeten die »Strada dei Vini e dei Sapori del Lago di Garda«, eine Straße der Weine und der Düfte des Gardasees, die sich durch das Hinterland schlängelt. Neben den Winzern sind es vor allem Ölmühlen, die zahlreiche Besucher anlocken.

Einer, der weltweit zu den besten Olivenölproduzenten gehört und nicht nur wegen seiner absolut hochwertigen Öle, sondern auch durch seine unverwechselbaren, extravaganten Verpackungen berühmt wurde, ist Gianfranco Comincioli in Puenago. Er ist ein Fanatiker, was die beste Qualität des Olivenöls betrifft, und seine Ölmühle gleicht einem OP-Saal, so akkurat und hygienisch geht es bei ihm zu. Die Oliven werden innerhalb von vier Stunden nach der Ernte zuerst entkernt und anschließend sofort schonend in modernen Dekantern, natürlich ohne Sauerstoff, gepresst. Das so gewonnene Öl wird entweder getrennt nach Sorte oder als Cuvée so lange im Stahltank aufbewahrt, bis es in die signifikanten, quadratischen oder runden Flakons abgefüllt wird. Wer einmal den Aufwand gesehen hat, der benötigt wird, um derart gesunde, phenolreiche Olivenöle zu produzieren, wird (hoffentlich) nie mehr billiges Öl im Supermarkt für unter acht Euro pro Liter kaufen.

»Qui è il paradiso per restare –
Hier ist das Paradies, um zu bleiben«

Maria Callas über Sirmione (1923–1977)

Die Genuss-*Strada* lässt sich auch gut mit dem Fahrrad erobern. Das hat den Vorteil, dass man hier und dort ein Gläschen Wein verkosten kann. Einziger Nachteil: Der Kofferraum des Fahrrads ist doch ziemlich klein ... In den malerischen alten Dörfern wie Puenago, Soiano und Polpenazze, um nur einige zu nennen, gibt es gute Trattorien mit köstlicher Hausmannskost. Wer dann doch noch Lust auf ein Bad im See hat, der fährt nach Moniga, San Felice oder Manerba, das sind die Orte der Valtènesi direkt am Seeufer mit weitläufigen Badestränden!

58

BÜFFELMOZZARELLA

Die Büffel im Herzen des Parco del Mincio

Goito ist ein kleines, historisch geprägtes Städtchen, durch das der Mincio fließt, und seit 1984 ist es Teil des Naturparks Mincio. In dieser Kleinstadt fanden die ersten Unabhängigkeitskämpfe statt und am 30. Mai 1848 tobte dort die berühmte Schlacht von Goito, bei der Karl Albert von Savoyen die Österreicher besiegte. Zehn Jahre später kämpfte man erneut um die Unabhängigkeit, und dieser Sieg war ausschlaggebend, dass nicht nur Goito, sondern die gesamte Lombardei ins Königreich Savoyen eingegliedert wurde und seit 1861 zu Italien gehört. Heute ist Goito ein hübsches, sehenswertes Städtchen inmitten einer landwirtschaftlich geprägten Region.

In dieser Ebene hat 1948 die Familie Cauzi ein Anwesen erworben und sich vorwiegend auf die Milchwirtschaft konzentriert. Wie alle Bauern der Region lieferten sie die Milch zur *Cooperativa*, wo man sie zu Grana Padano verarbeitete. Nachdem für Kuhmilch immer weniger bezahlt wurde, beschloss der findige Signor Cauzi, sich nach einer neuen, lukrativeren Einnahmequelle umzusehen. Er fuhr nach Kampanien, kaufte sich 180 Büffel und baute auf seinem Grundstück eine Käserei, die sich auf Filato-Käse (gezogener Käse, die typische Herstellungsart für Mozzarella) spezialisierte und um die sich seine Tochter kümmert. Mittlerweile hat er um die 400 Büffel, die in offenen Ställen leben und morgens und abends gemolken werden müssen. Sein *Mozzarella con latte di Bufala* ist natürlich kein DOP-Produkt, das ist nämlich geschützt und nur Mozzarella aus Kampanien darf dieses Herkunftssiegel tragen. Aber die Restaurants im Umkreis von Goito und insbesondere am Gardasee sind glücklich darüber, täglich frisch produzierten Mozzarella zu bekommen.

Neben dem klassischen Mozzarella werden auf der Azienda Agricola »La Valle«, so heißt seit 2001 das landwirtschaftliche Gut, aber auch köstliche *Burrata* und *Ricotta* aus Büffelmilch hergestellt. Die Büffelbullen werden im Alter von 18 bis 24 Monaten geschlachtet und als Frischfleisch verkauft oder zu Bresaola, Carne salada und Salami verarbeitet. Allmählich spricht es sich herum, dass Büffelfleisch extrem mager ist, ähnlich wie Rindfleisch schmeckt und kaum Cholesterin enthält.

Kühe und Schweine haben aber nach wie vor einen festen Platz auf dem weitläufigen Gelände und auch sie werden entweder als Frischfleisch vermarktet oder vor Ort zu schmackhaften Würsten verarbeitet. Der Regionalpark Mincio und die Stadt Goito sind einen Ausflug wert, und wer gern mal Büffel sehen will, ohne nach Kampanien zu fahren, »La Valle« ist gut ausgeschildert. Freitags und samstags kann man in dem kleinen Gutsladen auch einkaufen.

59

CAVALLO

Die traurige Tradition der Pferdefleischgerichte

In vielen Trattorien entlang des Sees, vor allem im südlichen Hinterland, aber auch im Veneto findet man häufig Pferdefleischgerichte auf der Speisekarte. *Stufato di cavallo*, *Carpaccio di cavallo*, *Sfilaccio*, ein *Steak di cavallo* oder *Puledo* (Fohlen) erfreuen so manchen Gaumen der Feinschmecker, lassen aber auch so manch anderen erschaudern, allen voran Engländer, die es absolut abartig finden, Pferdefleisch zu essen. Dabei muss man bedenken, dass Mitte des

19. Jahrhunderts in Solferino, San Martino und Goito viele erbitterte Entscheidungsschlachten stattfanden – meist zu Pferd. Es kamen nicht nur unzählige Kämpfer ums Leben, sondern auch unendlich viele Pferde. Die Bevölkerung litt Hunger und was lag näher, als die getöteten Tiere zu schmackhaften Gerichten zu verarbeiten?

Diese Tradition hat sich in der Bevölkerung bis heute bewahrt, auch wenn die Pferde längst nicht mehr einen tragischen Tod im Krieg erleiden müssen. Sie unterliegen den gleichen Kontrollbedingungen wie andere Fleischarten, dennoch ist nicht immer garantiert, dass sie keine langen Transportwege erleiden mussten und artgerecht geschlachtet wurden. Sinnvoll ist es daher, sich in der Trattoria zu erkundigen, woher das Fleisch kommt. Grundsätzlich ist Pferdefleisch fettarm, sehr eiweißreich und enthält deutlich mehr Eisen als Rind und Schwein. Richtig zubereitet, schmeckt es absolut köstlich, und es lohnt sich, es zu probieren.

60

CENTRO STORICO

Eine sehenswerte Altstadt, die auch zum Shoppen verführt

Beim Anblick des vielen Wassers, das sich, von der Autobahn kommend, vor der atemberaubenden Silhouette Mantuas ausbreitet, könnte man fast vermuten, man käme nach Venedig. Aber schon Dante erklärte, dass es sich bei der Seenlandschaft, in deren Mitte die Stadt schwimmt, in Wirklichkeit um einen Ableger des Gardasees handelt:

»Sobald das stille Wasser plötzlich läuft, heißt Benacus es nicht mehr, sondern Mincio. Nach kurzem Lauf gerät der Fluss in eine Senke, breitet sich aus darin und wird zum Sumpf.«

Dante (1265–1321)

In den zu Seen aufgestauten Sümpfen hauste einst die Seherin Mantu, die der Stadt ihren Namen gab. Ihre Nachkommen haben die Pfahlbauten (*Palafitti*) verlassen und sich auf dem trockenen Hügel, der heutigen Piazza Sordello, ein Dorf gebaut. Eine Installation schwimmender Inseln des Architekten Joseph Grima auf dem Lago Inferiore erinnert an den mythischen Ursprung der Stadt. Auf diesem Archipel Ocno, dessen Form an die Blätter von Lotusblüten erinnert, finden jedes Jahr zur Sommersaison unterschiedliche kulturelle Veranstaltungen statt.

In Gedenken an Vergil wird alljährlich zum Sommerende das Festivalletteratura gefeiert. Vergil wurde 70 v. Chr. in Mantua geboren und ist einer der größten Poeten lateinischer Sprache. Er verfasste die *Aeneis*, die unter anderem von der Gründungsgeschichte Roms handelt. Zu dem Event strömen Tausende Literaturfreunde in die Stadt, um auf den Plätzen und in Höfen Autoren aus aller Welt bei ihren Lesungen zu lauschen.

Die weitläufige, mit Absatz-mordenden Kieselsteinen gepflasterte Piazza Sordello hieß früher einmal Piazza San Pietro. Später wurde sie nach dem lombardischen Dichter Sordello da Goito umbenannt, der im Herzen Mantuas lebte. Die Piazza setzt sich in zwei weiteren Plätzen fort – der Piazza delle Erbe und der Piazza del Broletto – und gemeinsam bilden sie das *Centro storico*.

Nicht nur am Donnerstag, wenn auf der Piazza Sordello ein quirliger Markt stattfindet, ist die Altstadt stark frequentiert. Zum einen natürlich wegen der beeindruckenden Sehenswürdigkeiten, die hier alle fußläufig erreichbar sind, zum anderen auch wegen der vielen schicken Mode- und Schuhgeschäfte. Die shoppinginteressierten Damen wissen es nämlich längst, dass man in Mantua wesentlich günstiger einkaufen kann als zum Beispiel in Verona.

Dennoch darf man keinesfalls versäumen, dem Dom mit seiner Barockfassade und seinem romanischen Turm einen Besuch abzustatten. Auch der Palazzo Ragione auf der Piazza delle Erbe und der Torre dell'Orologio, ein Uhrenturm von 1472, sind sehenswert – und nicht zuletzt die romanische Rundkirche Rotondo San Lorenzo (1082), die erst im 20. Jahrhundert bei Abrissarbeiten zufällig wiederentdeckt wurde. Das gigantische Tonnengewölbe der Basilika Sant'Andrea, eines der bedeutendsten Werke der italienischen Renaissance, diente vielen römischen Barockkirchen als Vorbild.

Nach jahrelanger Restaurierung ist der Palazzo d'Arco wieder geöffnet. Er bietet einen Einblick in die Sammlungen der mächtigen Grafenfamilie. Ihr Stammsitz ist bekanntlich die Burg Arco am nördlichen Gardasee. Nicht nur die Arco-Brauerei in Niederbayern, auch das Arco-Palais am Wittelsbacher Platz in München erinnern in Deutschland an die Familie italienischen Ursprungs. Für italienische Touristen ist das Museum Broletto zu Ehren des berühmten und überaus beliebten Rennfahrers Tazio Nuvolari, der »fliegende Mantuaner« genannt, ein absolutes Muss.

› Nach Sonnenuntergang zeigt sich die Altstadt Mantuas von ihrer romantischsten Seite.

61

COSTARIPA

Mattia Vezzolas Liebeserklärung an seine Roséweine

Mattia Vezzola ist die Nummer eins unter Italiens Önologen, wenn es um hochwertige Schaumweine geht. Er hat die Geschicke der Kellerei Bellavista in der Franciacorta von der ersten Stunde an geprägt, nicht nur önologisch, er war bis vor nicht allzu langer Zeit auch Geschäftsführer des berühmten Weinguts.

Vor einigen Jahren hat er sich entschlossen, die Leitung des seit 1936 bestehenden Familienunternehmens Costaripa in Moniga del Garda zu übernehmen. Selbstverständlich gibt es auch in seiner Kellerei *Spumante metodo classico* vom Allerfeinsten, aber da das Valtènesi Heimat der roten Rebsorte Groppello ist, gilt seine Aufmerksamkeit und Leidenschaft auch diesen Weinen. Seiner Meinung nach ist die Rebsorte prädestiniert für duftige, elegante Roséweine. Wenn er anfängt, von ihnen zu erzählen, wird er zum Philosophen. So erweckt für ihn die Farbe einer Pfirsichblüte die Sinne und verleiht Inspiration. Die Blüten sind für ihn Zeichen der Unsterblichkeit, zaubern romantische Gefühle und spiegeln zugleich die belebenden Farben des Sees wider. Deshalb sind die rosafarbenen Pfirsichblüten das Symbol für den Roséwein von Costaripa. Er bezeichnet ihn als »Wein einer Nacht«, denn die Vinifikation *a lacrima* (Träne) ermöglicht es, die reine Blume der ersten Fermentation zu erhalten. So entsteht ein Most mit dem aromatischen Herz der Beere.

Die Rosés von Mattia Vezzola, ob RosaMara, Molmenti oder PalmArgentina, sind elegante Weine mit einem individuellen Ausdruck. Es sind Weine, die schmeicheln, seidig und anmutig sind, jedoch mit einem würzigen Nachhall; gemacht, um Lebensfreude zu vermitteln und Unangenehmes vergessen zu lassen.

62

GONZAGA

Eine Stadt ehrt den Weltpatron der Jugend

Abseits vom Touristengetümmel am Gardasee, aber lediglich zehn Kilometer von Desenzano entfernt im hügeligen, moränischen Hinterland, liegt Castiglione delle Stiviere. Wer sich gern einmal abseits der ausgetretenen Pfade bewegt, der darf nicht versäumen, diese geschichtsträchtige Stadt zu besuchen. Besonders stolz sind die Bewohner auf den berühmtesten Sohn der Stadt, Aloisius de Gonzaga, Erbprinz von Ferdinand de Gonzaga, Markgraf von Castiglione delle Stiviere. Er wurde am 9. März 1568 als erstes von acht Kindern geboren und von seiner Mutter Marta sehr fromm erzogen. Sein Vater machte ihn aber bereits im Alter von vier Jahren mit den Aufgaben des Militärs bekannt, und gerade mal zehnjährig kam er als Page an den Hof der Medici in Brescia, um anschließend nach Madrid zu gehen, wo er am Hofe von König Philipp II. tätig war.

Im Alter von zwölf Jahren erhielt er in der Kirche in Casteglione delle Stiviere von Kardinal Karl Borrromäus die erste Heilige Kommunion, und das beeindruckte ihn so sehr, dass er zugunsten seines jüngeren Bruders Rudolf auf das väterliche Erbe, die Markgrafschaft, verzichtete. Geduldig wartete er dann auf die Einwilligung seines Vaters, in den neu gegründeten Orden der Jesuiten in Rom einzutreten. Der hoch intelligente junge Mann sprach mehrere Sprachen, studierte Theologie und ließ sich in Krankenpflege ausbilden. Er war stets Vermittler, wenn es um Streitigkeiten und territoriale Machtkämpfe innerhalb der Gonzaga-Familie ging. Der gläubige junge Mann hinterließ zahlreiche Briefe und Schriften, in denen er sich für die Bildung Jugendlicher einsetzte. Sein Wirken galt aber vor allem den Armen, er kämpfte darum, dass auch diese Menschen würdig begraben werden.

Während der Pestepidemie in Rom, wo er ständig unterwegs war, um den Kranken zu helfen, infizierte er sich und starb drei Monate später, erst 23 Jahre alt. Die Menschen verehrten ihn wie einen Heiligen. Lediglich 14 Jahre nach seinem Tod wurde er tatsächlich am 19. Oktober 1605 von Papst Paul V. selig- und 1726 von Papst Benedikt XIII. heiliggesprochen. 1926 war es Papst Pius XI., der ihn zum Patron der christlichen Jugend und der Studenten ernannte, und 1991 schlug ihn Papst Johannes Paul II. als Patron der Aidskranken vor.

Die Kathedrale von Castiglione delle Stiviere wurde 1761 im neoklassischen Stil auf der Ruine der Kirche aus dem 16. Jahrhundert aufgebaut, in der Aloisius Gonzaga getauft wurde und die Heilige Kommunion empfing. Neben vielen Sehenswürdigkeiten ist die Stadt bei Einheimischen bekannt für ihre sehr guten Ristoranti. Eine hervorragende Küche bietet zum Beispiel die aparte Hostaria del Teatro nur wenige Schritte vom Dom entfernt.

63

ISOLA DEL GARDA

Das familiäre Schloss der Familie Cavazza

Vom See aus kann man die ganze Pracht dieses herrschaftlichen Schlosses, das stilistisch Ähnlichkeit mit venezianischen Palazzi hat, bestaunen. Ein romantisches Fleckchen Erde, lediglich 900 Meter lang und 125 Meter breit und ein wahres Paradies, das aber nicht nur Arbeit macht, sondern auch enorme Kosten verursacht, wenn es nicht verfallen soll.

Das erkannte auch Familie Cavazza, die seit fünf Generationen in Besitz der größten Insel im Gardasee ist. Die Reparaturkosten verschlingen Unsummen und da der Palast seit 1981 denkmalgeschützt ist, kostet es nicht nur viel Geld, sondern auch sehr viel Geduld mit der italienischen Bürokratie. Deshalb hat Gräfin Alberta, die hier mit sechs Geschwistern aufgewachsen ist, 2001 beschlossen, die Isola del Garda für Besucher zu öffnen. Und die Touristen freuen sich und kommen zuhauf, denn endlich darf man den Palast und den sensationellen Park mit seinen mediterranen und exotischen Pflanzen besuchen. Zwar ist es nur ein Katzensprung von San Felice zur Insel, aber es geht nur mit dem Boot, und das führt zu einer angenehm geregelten Besucherzahl. Welch ein Glück, dass Alberta und ihre Geschwister sich einmütig dazu entschlossen haben, die Insel samt Schloss nicht zu verkaufen. Man stelle sich vor, es wäre nun ein Luxushotel, das sich nur wenige Auserwählte für ihren Urlaub leisten könnten. Der Zusammenhalt der Familie ist stark, gemeinsam betreiben die Geschwister nicht nur die schöne Insel, sondern auch ein Olivengut, einen Campingplatz und ein Segelzentrum in San Felice.

Den faszinierenden englischen Garten hat Albertas Mutter, Lady Charlotte Chetwynd-Talbot, die aus den Midlands kommt, angelegt. Sie hat 1965 den italienischen Grafen Camillo Cavazza geheiratet, der leider schon sehr jung verstorben ist. Seither lebt sie mit ihren sieben Kindern auf der Insel und fühlt sich rundherum wohl. Ihr ist auch die unglaubliche Vielfalt unterschiedlichster englischer Rosen zu verdanken. Alberta Cavazza, die mit ihrer Familie seit 2012 wieder fest auf der Insel wohnt, kümmert sich in erster Linie um die Besucher. Mittlerweile leben auch wieder zwei ihrer Brüder mit ihren Familien hier, es sind also mit der Mutter gerade mal zehn Inselbewohner. Die vielen Zimmer im Schloss sind nur teilweise bewohnt, einige wie das Ess- und Musikzimmer sind für Besucher geöffnet. Zum Abschluss jeder Führung lädt dann Alberta Cavazza die Besucher auf einen Aperitif ein und serviert den meist selbst, denn Standesdünkel kennt die engagierte Gräfin nicht.

64

KAFFEE

Heiß, schwarz, süß und aromatisch

So soll guter Espresso schmecken – keine dünne Plörre, wie man sie leider nördlich des Brenners häufig serviert bekommt nach dem Motto »Wenn er schon so viel kostet, soll die Tasse wenigstens voll sein.« Ganz anders ist das in *bella Italia*! Im kleinsten Dorf findet man eine Bar, die das duftende Lebenselixier in einer heißen Tasse duftend mit einer samtigen *Crema* serviert. Aber nicht nur das, rund um den Gardasee gibt es zudem viele kleine Kaffeeröstereien, in denen man probieren kann, bevor man die Bohnen für zu Hause kauft.

In der Mitte von Padenghe, einem kleinen Dorf im Valtènsi, muss man einfach der Nase folgen. Die Bottega del Caffè kann man nicht übersehen, besser gesagt, nicht überriechen. Seit 1939 röstet Familie Martini-Benedetti, heute in der dritten Generation, Kaffee. Nicht im kleinen Laden, sondern ein wenig außerhalb des Dorfes. Die Bottega führt Anita, die aus dem Allgäu der Liebe wegen an den Gardasee gekommen ist. Da ihr Ehemann keine so große Leidenschaft für die Kaffeerösterei hegte, fragte Anita ihren Schwiegervater, ob er sie das Handwerk des Röstens und – noch viel wichtiger – den fachkundigen Einkauf der rohen Kaffeebohnen lehren könnte.

Heute führt sie die älteste *Torrefazione* (Rösterei) am Gardasee und hat sich das heimelige kleine Geschäft mit dem Ziegelmauergewölbe in Padenghe eingerichtet. Mit großer Leidenschaft erzählt sie über die unterschiedlichen Kaffeesorten, die verschiedenen Röstgrade und lässt natürlich verkosten. Man kann dann entscheiden: Schmeckt der Reinsortige besser oder doch die Mischung, oder möchte man sich vielleicht eine eigene, ganz persönliche Kreation zusammenstellen lassen? Ein echtes Erlebnis für Espresso-Liebhaber.

Wer auf den Geschmack gekommen ist: Eine weitere kleine *Torrefazione*, GIM.MOKA, gibt es in Casteglione delle Stiviere, ebenfalls mit einem hübschen Laden, in dem man verkosten kann. Die sehr gute Kaffeerösterei Caffè Latorre lädt ein Stückchen dem See entlang in Manerba zum Verweilen ein.

65

KULTURMETROPOLE

Die aristokratische Stadt der Familie Gonzaga

Ihre Paläste und Kirchen verdankt die Stadt Mantua den Gonzagas. Als Familie Gonzaga 1328 die Regierungsgewalt übernahm, begann der Aufstieg Mantuas zu einem der führenden Renaissanceplätze Italiens. Während ihrer fast 400-jährigen Herrschaft, übrigens einer der längsten in Italien, stiegen die Gonzagas vom einfachen *Capitano del popolo* zu Herzögen auf. Ihre mangelnde politische Macht haben sie durch Förderung von Kunst und ihre unglaubliche Bauwut kompensiert. Höchsten künstlerischen Glanz erreichte Mantua unter der Markgräfin Isabella d'Este (1474–1539), der *Primadonna assolututa* der Renaissance. Nach ihrer Verehelichung 1490 mit Gianfrancesco II Gonzaga öffnete sie den Hof für namhafte Künstler; sie wurde von Leonardo da Vinci und Tizian porträtiert und hinterließ Kunstwerke von Weltrang. 1707 verlor Mantua seine Unabhängigkeit und fiel an das Haus Habsburg, wo es, abgesehen von einer kurzen napoleonischen Unterbrechung, während der auch Andreas Hofer »zu Mantua in Banden« lag, bis zur Entstehung des geeinten Italiens blieb.

Der Palazzo Ducale, die Residenz der Gonzagas, gilt gemeinhin als das Besichtigungshighlight. Mit einer Fläche von mehr als 30 000 Quadratmetern und über 500 Zimmern in seinen ineinander verschachtelten Gebäuden, Innenhöfen und Gärten ist er nach dem Vatikan einer der größten Paläste Italiens. Viele Gemälde wie der berühmte *Gonzaga*-Zyklus von Tintoretto, der sich heute in der Münchner Pinakothek befindet, wurden nach dem Niedergang der Dynastie aus Geldmangel verkauft.

Da der Palazzo Ducale so riesig ist, sollte man genau abwägen, was man sehen möchte. Wer sich das Sahnestückchen herauspicken will, kauft nur das Ticket für die von Mantegna (1431–1506) ausgemalte *Camera degli sposi*, das Hochzeitszimmer. Mit dem Künstler Mantegna kam die Renaissance nach Mantua. Er kannte die Gesetze der Perspektive und hat hier in fast virtueller Wandmalerei das stolze Daseinsgefühl einer ganzen Renaissancefamilie für alle Zeiten verewigt. Seine gemalte Architektur vermischt sich mit der wirklichen und macht aus der düsteren Burgkemenate einen hellen Raum, von dem aus wir Markgraf Ludovico und seine blondzopfige Frau Barbara von Brandenburg nebst Kindern und Hofstaat auf einer sonnigen Terrasse betrachten. An der Ausgangswand, mit Blick in eine weite Landschaft, begrüßt der Markgraf seinen soeben in Rom zum Kardinal geweihten Sohn. Wenn man genau hinsieht, entdeckt man in dem gemalten Pfeiler rechts von der Tür im Blattdekor ein Porträt des Malers.

Durch die Via Roma und die Via P. Amedeo geht es zum Palazzo Tè. Als Isabellas Sohn, Federico II Gonzaga, Herzog wurde, holte er im Jahre 1525 Giulio Romano aus Rom nach Mantua und ließ sich von ihm das Lustschloss Palazzo Tè innerhalb von 18 Monaten erbauen und ausstatten. Im Saal der Psyche speisen die Götter auf das Üppigste, im Saal der Giganten müssen sie um ihr Überleben kämpfen und in den alten Mauern der Scuderie lässt sich Modernes von Alberto Giacometti bis Davide Rivalta bewundern.

66

LA ROCCA

Historische Kulturstätte mit sensationeller Bella vista

Auch wenn man ein Kulturbanause ist, eine Fahrt bei schönem Wetter hinauf zur Rocca di Lonato, auch Castello di Lonato genannt, sollte man bei einem Gardasee-Urlaub einplanen. Der Blick von der Burgruine auf die Stadt ist grandios. Man sieht die prachtvolle Kuppel der im Barockstil erbauten Basilika, das Rathaus, den 55 Meter hohen Torre Maestro sowie auf die andere Seite des Gardasees und die Orte entlang der Küste. Die Burgruine kann auf eine abwechslungsreiche, turbulente Geschichte zurückblicken, die schöne Aussicht, die wir heute genießen, war in früheren Zeiten vorwiegend militärisch wegen der strategischen Lage geschätzt. Alles, was Rang und Namen hatte ab dem 13. Jahrhundert – die Grafen von Montechiari, die Scaliger, die Viscontis und die Gonzagas –, hatten die Festung mal in Besitz.

1906 erwarb der angesehene Senator und Richter Ugo da Como (1869–1941) aus Brescia im Rahmen einer Versteigerung die verfallene Burg und die dazugehörende Casa del Podestà. Sein Ziel war es, einen Ort des Friedens und der Kultur zu gestalten. Der Sohn des Mathematikers und Dichters Giuseppe da Como war ein brillanter und erfolgreicher Jurist und wurde schon mit 23 Jahren Stadtrat von Brescia. Seine langjährige politische Karriere beendete er 1924 mit der Absage an Benito Mussolini, das Wirtschaftsministerium zu übernehmen. Von da an widmete er sich verstärkt der Casa del Podestà in Lonata, die er von Grund auf renovieren ließ.

Er gestaltete das Haus gemeinsam mit seiner Frau Maria, mit der er hier stets die Sommermonate verbrachte, mit Kunstschätzen, Gemälden, antikem Mobiliar und wertvollen Büchern. Heute ist die Casa del Podestà ein Museum und in den 20 Räumen kann man die wertvolle Kunstsammlung von Ugo da Como sowie 50 000 kunsthistorische Bücher, antike Bildbände und handschriftliche Aufzeichnungen bewundern. Auf der La Rocca finden zahlreiche Veranstaltungen statt wie z.B. ein Blumenmarkt, Künstlerfeste oder das schon berühmte Lonato-Festival. Wer möchte, kann sogar seine Hochzeit im Burggarten feiern. Um all das, was Ugo da Como damals erworben und erhalten hat, kümmert sich heute die Fondazione Ugo da Como in Lonato, die auch für die Besichtigungen und die vielen Veranstaltungen zuständig ist.

67

LÖWENSTADT

Liebe auf den zweiten Blick

Hand aufs Herz, fast jeder fährt an Brescia vorbei und kommt nicht auf die Idee, die »Italienische Löwin«, wie sie landläufig auch genannt wird, zu besuchen. Wer sich dann doch aufrafft, wird erst einmal ein wenig umherirren, denn Brescia hat viele schöne Plätze, aber kein so richtig eindeutiges Zentrum. Hinzu kommen die vielen Einbahnstraßen und die Parkplatznot. Die Mühe lohnt sich aber, denn ein Bummel durch die Altstadt, beginnend auf der Piazza della Loggia, lässt bereits die spannende, abwechslungsreiche Geschichte erahnen.

Auch wenn die Piazza della Loggia längst nicht der älteste Platz der Stadt ist, so ist sie auf jeden Fall ein beeindruckender monumentaler Komplex. Im Jahr 1433 wurde die Gestaltung vom damaligen Bürgermeister in Auftrag gegeben, damit Brescia den prachtvollen Bauten der Republik Venedig etwas entgegenzusetzen hatte. Sofort ins Auge fällt auf der Westseite des Platzes der imposante Palazzo della Loggia, das heutige Rathaus von Brescia. Mit seinem Bau wurde 1492 begonnen und es waren sieben Architekten daran beteiligt. Vor dem großen Laubengang, den man durch drei hohe Rundbögen betreten kann, genießt man heute bei einem *Cappuccino* oder *Aperitivo* die Atmosphäre des wunderschönen Platzes. Wirft man dabei einen Blick nach oben, fällt auf, dass das Dach einem Schiffsrumpf gleicht. Es wurde erst 1914 angebracht und ersetzte ein Dach im spätbarocken Stil. Die ursprüngliche Bedachung war bereits bei einem verheerenden Brand im Jahre 1575 zerstört worden. Leider gingen dabei auch einige wertvolle Kunstschätze verloren, unter anderem ein Gemälde von Tizian.

Am südlichen Ende des weitläufigen Platzes steht das Pfandhaus »Monti di Pietà« (Berge der Barmherzigkeit), das zwischen 1484 und 1489 erbaut wurde und in dem gewiefte Kaufleute Geld gegen Zinsen verliehen. Ein Teil des Bauwerks hat in der Mitte eine kleine Loggia im venezianischen Stil sowie sieben Arkaden, die auf Säulen getragen werden. Auf einer Brüstung ist in der Mitte das Stadtwappen angebracht. Im ältesten Teil auf der Südseite des Platzes wurden 1480, mitten im Humanistischen Zeitalter, Steine und Reste der römischen Zeit in die Wand gemauert, die man bei Ausgrabungen gefunden hat. Ein beeindruckender ungewöhnlicher Mauerschmuck. Auf der Ostseite erstreckt sich ein zweistöckiges, zweifarbiges langes Bauwerk mit einem Laubengang. In der Mitte ist der Torre dell'Orologio (Uhrenturm), dessen astronomisches Ziffernblatt reichhaltig verziert ist. Zwei mechanische Figuren, die von den Brescianern *Tone* und *Battista* genannt werden, schlagen die Stunde.

Nur wenige Schritte entfernt gelangt man zum Domplatz. Die 80 Meter hohe Kuppel, die drittgrößte Italiens nach dem Petersdom und dem Dom in Florenz, ist schon von Weitem sichtbar. Der Domplatz wurde nach dem aus der Umgebung von Brescia stammenden Papst Paolo VI. benannt, der 1964 seine Tiara aus dem 14. Jahrhundert ablegte und den erlösten Wert den Armen spendete. Der alte Dom, wegen seiner Bauweise Rotonda genannt, wie auch der neue Dom stehen auf Fundamenten frühromanischer Kirchen, die wie alles zwischen Mailand und Verona bei einem großen Erdbeben 1117 eingestürzt sind. Im antiken Säulenwald der Krypta unterhalb der Rotonda lässt sich der Geist einer frühchristlichen Basilika ein wenig erahnen.

68

LOTUSBLÜTEN

Traumhafte Fahrt nach Mantua, gesäumt von Lotusblüten

Nicht nur für Menschen, die sich für Botanik oder Vogelkunde interessieren, gehört eine Fahrt auf dem Mincio nach Mantua während der Lotusblütenzeit von Juni bis September zu einem unvergesslichen Urlaubserlebnis. Es gibt verschiedene Abfahrtsmöglichkeiten (Rivalta sul Mincio oder Grazie di Curtatone) und auch unterschiedliche Schifffahrtsgesellschaften, die entweder mit Elektro-, Solar- oder Motorbooten Naturliebhaber durch die vielfältigen Abzweigungen des Mincio sicher durch ein Meer von Lotusblüten chauffieren. Hie und da pflückt der Bootsführer eine Blüte, die man dann mit nach Hause nehmen darf. Diese Blütenpracht ist unbeschreiblich und hinzu kommen die zahlreichen seltenen Sumpfvögel, die man zwischen der faszinierenden Pflanzenwelt entdeckt. Ein weiteres Highlight ist, wenn sich der Fluss zu einem See weitet und die Silhouette von Mantua auftaucht.

Wer möchte, kann auf einigen der Boote auch ein Fahrrad mitnehmen, um dann Mantua auf dem Drahtesel zu erobern oder auf einer der vorgeschlagenen Radtouren durch den Parco Mincio zum Ausgangspunkt zurückzuradeln. Es macht aber auch Freude, diese Fahrt durch die Lotusblüten noch einmal auf dem Rückweg zu erleben.

‹ Am schönsten ist die Fahrt mit dem Boot durch die Lotusblüten des Mincio.

Das sind nur zwei von vielen Möglichkeiten, die »Terre del Mincio – dal Garda al Po« (Gebiet des Mincio vom Gardasee bis zum Po) mit den vielen Wasserkanälen, den sanften Hügeln, den jahrhundertealten Wäldern, den vielfältigen Sumpfpflanzen, den selten gewordenen Wasservögeln und nicht zuletzt den vielen reizenden Dörfern kennenzulernen. 75 Kilometer schlängelt sich der Mincio, sobald er den Gardasee in Peschiera verlässt, über Valeggio nach Goito, breitet sich rund um Mantua zu weitläufigen Seen aus, bis er dann bei Governolo in den Po mündet. Fast die ganze Strecke ist heute ein geschützter Regionalpark, in dem sich drei Naturreservate, Sonderschutzgebiete und einige Gebiete des europäischen Schutzgebietsnetzwerks Natura 2000 vereinen.

69

MARIA CALLAS

Am Gardasee war die Diva kein bisschen mondän

Professore Michele Nocera ist in Sirmione eine geschätzte Persönlichkeit – nicht nur wegen seiner Arbeit als Lehrer und Journalist: Er ist einer der anerkanntesten Berichterstatter, wenn es um die berühmte Maria Callas geht. Michele Nocera kannte Maria Callas persönlich, seine zehn Jahr ältere Schwester Maddalena war mit ihr befreundet und die damals noch nicht so berühmte Callas war oft Gast bei Familie Nocera. Sie war eine liebenswerte Person, erinnert sich Signor Nocera, liebte die italienische Küche und kochte selbst gern. Wie sie es schaffte, in dieser Zeit dennoch 30 Kilo abzunehmen, bleibt ihr Diätgeheimnis. Weil er schon als kleiner Bub die schöne Maria bewundert hatte und später ein begeisterter Anhänger ihres Gesangs wurde, begann der Professore in den Achtzigerjahren, sich intensiv mit dem Leben der großen Sängerin zu beschäftigen. Er schrieb über sie mehrere Bücher, von denen drei internationale Bedeutung haben. Seit 18 Jahren organisiert er Konzerte zu Ehren Maria Callas' in Sirmione. Mit leuchtenden Augen und einer unglaublichen Begeisterung erzählt Michele Nocera von der Sängerin: Die Americano-Griechin, die sich später Maria Callas nannte, lernte in New York den Impresario Giovanni Zenatello kennen. Er war vom Gesang der etwas molligen Anna Maria Kalos so angetan, dass er sie sofort für die Hauptrolle in der Oper *La Gioconda* für die Opernfestspiele 1947 in der Arena verpflichtete.

Bei einem Abendessen im Restaurant Pedavena auf der Piazza Brà, heute ein Schnellimbiss, lernte sie 23-jährig den 27 Jahre älteren Industriellen Giovanni Battista Meneghini kennen. Geheiratet wurde am 21. April 1950, wodurch sie Italienerin wurde. Ihr Ehemann beendete seine Arbeit im Familienbetrieb und managte seine Frau. Maria lebte mit ihm, wenn sie nicht gerade in irgendeiner italienischen Metropole sang, in der gemeinsamen Villa in Zevio am Ufer der Etsch südlich von Verona. Mit ihrem Debüt an der Mailänder Scala 1951 schaffte Maria Callas ihren absoluten Durchbruch und es begann ihre weltweit erfolgreiche Karriere. Die wenige Freizeit verbrachte das Paar in ihrer Villa im Herzen von Sirmione, weg vom Trubel um ihre Person. Sie genoss die Herzlichkeit der Menschen und alle, die sie kannten, erinnern sich, dass sie eine sympathische, schöne Frau mit langen schwarzen Haaren war. 1959 war das Ehepaar Meneghini-Callas auf Wunsch von Elsa Maxwell auf die Jacht von Onassis eingeladen, und hier begann die von der Klatschpresse genüsslich verbreitete Liebesgeschichte, die später, als 1968 Onassis Jacky Kennedy heiratete, weiterhin für internationalen Gesprächsstoff sorgte.

Der zutiefst enttäuschte Signor Meneghini ließ sich daraufhin von seiner großen Liebe scheiden. Maria Callas kehrte nach der Scheidung nie mehr zum Gardasee zurück. Aus Groll über die gescheiterte Ehe und Liebe seines Lebens schenkte Giovanni Battista Meneghini die Villa in Sirmione seiner Haushälterin. Heute ist sie, aufgeteilt in mehrere Wohnungen, in Privatbesitz. Michele Nocera ist froh darüber, dass es die jetzigen Besitzer ab und an ermöglichen, im wunderschönen Park ein Konzert zu veranstalten. Signor Meneghini starb 1981 in New York an einem Herzinfarkt, Soprandiva Maria Callas 1976 in Paris an Herzversagen.

70

MARKTTAG

Dienstags wird der Lungolago zur Shoppingmeile

Schauen, anfassen, handeln oder einfach nur sich treiben lassen und die Menschen beobachten, das ist die Faszination eines Marktbummels. Sie suchen eine schicke Handtasche *vera Pelle*, eine bunte Tischdecke mit Zitronen-, Tomaten- oder Olivenmotiven, T-Shirts oder bunte Schals, mediterranes Geschirr für die Ferienwohnung oder für zu Hause, Küchenutensilien, modische Schuhe oder schöne Gürtel – auf den Märkten werden Sie fündig. Aber nicht nur das, auch frisches Obst und Gemüse, Schinken, Käse oder Fisch werden wild gestikulierend angeboten, als gäbe es nirgendwo etwas Besseres. Von morgens bis eine Stunde nach *Mezzogiorno* kann man sich mit allem, was der Mensch benötigt – oder auch nicht – eindecken. Es gibt fast nichts, was es nicht gibt. Nur eines ist rar: Parkplätze an den Marktagen. Das trifft für alle Orte rund um den See zu, aber besonders schlimm ist es in Desenzano, denn dort findet jeden Dienstag auf dem Lungolago Cesare Battisti entlang des Seeufers der absolut größte Markt mit dem vielfältigsten Angebot statt.

Eine gewisse Skepsis ist allerdings sicherlich angebracht, denn viele Händler bieten längst nicht mehr, wie es einmal war, Produkte »made in Italy« an. Chinesen bestimmen heute das Marktgeschehen und verkaufen ihre nicht sehr hochwertige Ware für n' Appel und n' Ei. Leidenschaftliche Markbesucher finden aber dennoch zwischen dem angebotenen Ramsch richtige Superschnäppchen. Man braucht nur ein wenig Muße, Geduld und Zeit, und die hat man ja im Urlaub.

Wer jedoch vermutet, dass die Märkte rund um den See und im Hinterland eine reine Touristenattraktion sind, irrt gewaltig. Italiener lieben es, auf Märkten einzukaufen, deshalb finden sie auch außerhalb der Saison das ganze Jahr hindurch statt. Einkaufen ist nämlich hierzulande nicht nur eine Notwendigkeit: Man genießt es zu vergleichen, zu handeln, mit Freunden über den eventuellen Kauf zu diskutieren, um dann erneut ein wenig zu feilschen, bis man schlussendlich das vermeintliche Schnäppchen mit nach Hause nimmt. Zwischendurch trifft man sich in einer Bar, um Neuigkeiten auszutauschen. So wird der Einkauf zum Vergnügen und einige heitere Stunden mit *dolce far niente* sind garantiert.

71

MILLE MIGLIA

Eine Geschichte von Leidenschaft, Geschwindigkeit und Schönheit

2017 feierte die Mille Miglia in Brescia 90-jähriges Bestehen, es gab während dieser Jahre jedoch einige unliebsame und längere Unterbrechungen. Und so begann die Erfolgsstory: 1926 kamen vier Männer aus Brescia zusammen: einer von der *Gazetta dello Sport* (ital. Sportzeitschrift), ein Sekretär des Automobile Club Brescia und zwei Sponsoren, die voller Enthusiasmus die Idee unterstützten, ein Autorennen nach Rom zu veranstalten mit Start und Ziel in Brescia. Die Streckenlänge betrug 1600 Kilometer, und da ihnen diese Zahl wenig spektakulär erschien, rechneten sie die Strecke in Meilen um: *Ecco*, genau 1000 Meilen!

1927 war die Geburtsstunde der Coppa delle Mille Miglia (Der Pokal der 1000 Meilen). Bereits nach vier Jahren zeichnete sich ab, dass dieses Rennen ein absoluter Hit ist, nicht zuletzt wegen des beliebten Rennfahrers Tazio Nuvolari, *Mantovano volante* (fliegender Mantuaner) genannt, der im legendären Rennen 1930 die 100 km/h Durchschnittsgeschwindigkeit durchbrach. Es folgten viele erfolgreiche Rennjahre, bei denen Alfa Romeo stets die Nase vorn hatte. Wegen eines schweren Unfalls 1938 wurde die Mille Miglia 1939 abgesagt und Straßenrennen wurden grundsätzlich verboten. Während des Krieges waren die Straßen in einem so schlechten Zustand, dass eine Wiederaufnahme des Rennens erst 1950 wieder möglich wurde.

1956 schafften Stirling Moss und Denis Jenkinson in einem Mercedes Benz 300 SLR den Durchschnittsgeschwindigkeitsrekord von 157,65 km/h und die bis heute gültige Rekordzeit von zehn Stunden, sieben Minuten und 48 Sekunden. Aber gerade wegen dieser hohen Geschwindigkeiten wurde das Rennen so gefährlich, dass 1957 Straßenrennen erneut abgeschafft wurden.

1968 organisierte Alfa Romeo anlässlich der Vorstellung eines neuen Autos und zu Ehren des legendären Nuvolari 1930, der »1750« getauft wurde, eine Gedenktour mit historischen Autos. Es war der Vorbote der jetzigen Oldtimer-Mille-Miglia, die in der heutigen Form zum ersten Mal 1982 im Zwei-Jahres-Rhythmus stattfand. Da sich das Rennen zu einem Riesenerfolg entwickelte, beschloss man 1987, es jedes Jahr zu veranstalten. Seither lockt die Mille Miglia Jahr für Jahr Zigtausend Autofreaks, Persönlichkeiten aus der ganzen Welt, Stars und Sternchen, Sammler von Oldtimern und Gardasee-Touristen im Mai nach Brescia, um den Start im Zentrum der Stadt mitzuerleben. Der Anblick der historischen Fahrzeuge, die zwischen 1927 und 1957 gebaut sein müssen, um daran teilnehmen zu dürfen, ist einfach faszinierend. Wenn man es nicht schafft, nach

Brescia zu kommen, kann man die Oldtimer auch entlang ihres Weges – in vielen Orten entlang des Gardasees – bewundern. Im Museum Mille Miglia, seit 2004 im Kloster Sant'Eufemia untergebracht, kann man sich über die Geschichte dieses wohl schönsten und legendärsten Autorennens der Welt informieren und natürlich auch einige Oldtimer, die das Rennen schon mal mitgemacht haben, bestaunen.

72

MUSEO SANTA GIULIA

Italiens Langobarden und die Orte der Macht

Auf einer Fläche von 12000 Quadratmetern wird im Museo Santa Giulia in Brescia die Geschichte der Stadt von der Bronzezeit über die römische, vorromanische und romanische Zeit bis hin zur Renaissance anschaulich dargestellt. Wer den gesamten Komplex besichtigen will, muss viel Zeit mitbringen.

Das Kloster San Salvatore wurde im Jahr 753 auf Wunsch des langobardischen Königs Desiderio und seiner Frau Ansa gegründet und 915 in Santa Giulia umbenannt. Das Benediktinerinnenkloster, in dem Ermengarda, Tochter des Königs Desiderio, bis zu ihrem Tode lebte, war eines der angesehensten Klöster Norditaliens. Es verfügt über reiche Besitztümer nicht zuletzt deshalb, weil häufig Töchter aus wohlhabenden Familien sich hierher zurückzogen.

Die Kirche San Salvatore wurde im 9. Jahrhundert auf Überresten römischer Herrenhäuser aus dem 1. Jahrhundert erbaut, wie man bei Ausgrabungen feststellte. Sie besteht aus einem Haupt- und zwei Seitenschiffen, der Glockenturm stammt aus dem 13. und 14. Jahrhundert. Die herrlichen Fresken im Innern der Kirche sind von Girolamo Romanino gefertigt. Bedingt durch die zahlreichen Aus- und Umbauten in den verschiedenen Jahrhunderten sind Kirche wie auch das gesamte Kloster eine Mischung unterschiedlichster Baustile und Modeerscheinungen.

Ein Höhepunkt des Museumsbesuchs ist Santa Maria in Solario, eine kleine Gedächtniskapelle aus dem 12. Jahrhundert. Auf dem quadratischen Grundriss thront ein achteckiger Aufsatz mit einem geschlossenen Laubengang. In der Kapelle befindet sich ein dem Sonnengott geweihter, römischer Altar. Im oberen, durch eine Kuppel bedeckten Bereich ist der berühmte Schatz von Santa Giulia, ein Reliquienschrein aus Elfenbein, bemalt mit Szenen aus dem Alten und Neuen Testament, zu sehen. Aus dem 9. Jahrhundert stammt das hölzerne Kreuz des Königs Desiderio, das mit zahlreichen Edelsteinen, erhabenen Reliefs und Glasmalereien verziert ist. Das benediktinische Nonnenkloster San Salvatore/Santa Giulia ist seit dem 25. Juni 2011 Weltkulturerbe der UNESCO.

73

NATUROASE

Ein Schatzkästchen inmitten der Moränenhügel

Nur einen Katzensprung von Peschiera entfernt liegt das vom Massentourismus verschonte mittelalterliche Dörfchen Castellaro Lagusella. Der Ortsname (Burg am kleinen See) weist bereits darauf hin, dass es hier auch einen romantischen, herzförmigen Minisee gibt. Die für das 300-Seelendorf mächtige Burg wurde zwischen 1100 und 1200 von den Scaligern erbaut und zählt zu den schönsten Festungen Italiens. Und nicht nur die Burg, das ganze Dorf wurde in die Vereinigung der schönsten Dörfer Italiens (I borghi più belli d'Italia) aufgenommen. Die Festung war wegen ihrer strategischen Lage bald in die Streitigkeiten zwischen Verona und Mantua verwickelt und daher zeitweise auch in Besitz der Visconti, der Gonzagas und der Serenissima Repubblica von Venedig.

Im 16. Jahrhundert verlor sie ihre militärische Bedeutung und wurde von den Grafen Arrighi erworben, die sie in eine elegante Residenz umwandelten. Bis heute sind die stattliche Burgmauer, vier von den zehn Türmen, einige Teile des Wehrgangs und zwei mittelalterliche Bauwerke erhalten.

Das sehenswerte Dörfchen gehört zum Naturreservat des Mincio-Parks, das sich auf etwa 271 Hektar zwischen den Gemeinden Monzambano und Cavriana erstreckt. In diesem Sumpf- und Feuchtgebiet wachsen und gedeihen nicht nur die geschützten Pflaumenschwertlilien, auch zwei seltene Orchideenarten kann man entdecken, gelbe Teich- und Seerosen und ganz rare Schlüsselblumengewächse. Fast 100 verschiedene Vogelarten finden hier Schutz und Nahrung. Es sind teilweise sesshafte Vögel, aber auch wandernde, die nur eine gewisse Zeit in der Gegend verbringen, wie der Bienenfresser mit seinem bunten Gefieder und dem gebogenen Schnabel (Merops apiaster). Jedes Jahr von April bis Mai lässt er sich hier zur Fortpflanzung nieder.

Ein weiterer spannender Teil des Naturreservats Castellaro Lagusello sind die prähistorischen Pfahlbauten aus der Bronzezeit, die 2011 in die UNESCO-Welterbeliste aufgenommen wurden. Entdeckt und ausgegraben wurde das Fondo-Tacoli-Pfahlbautengebiet in den Jahren 1976 bis 1979. Ein weiterer Anreiz, das hübsche Dorf zu besuchen, ist gastronomischer Natur, es gibt einige sehr gute und gemütliche Trattorien, in denen man exzellent essen kann, unter anderem das La Dispensa (die Speisekammer) in der Via Castello.

74

NIGHTLIFE

Wilde Disconächte am Lago

Abendliches Ausgehen beginnt bei den Italienern mit einem *Aperitivo* in einer Bar, dann geht's so gegen 21 Uhr ab in ein *Ristorante*, um gemütlich zu Abend zu essen. Gut gestärkt, ist es jedoch noch zu früh für die Disco, deshalb kehrt man auf einen kleinen *Bassato* ein, übersetzt mit »Dackel« oder auch »klein«. Das sind entweder ein Amaro, Martini oder Campari. So gegen 23.30 Uhr wird's dann Zeit für die Meile! Wer nicht weiß, wohin, folgt einfach denen, die nun die Bars in den Dörfern schlagartig verlassen und daraufhin die Straßen bevölkern wie zur Rushour. Die Nighlife-Szene hat einiges zu bieten rund um den See, aber die absoluten Hotspots sind in Desenzano, Gardone und in Bardolino.

Direkt am See – im Torre San Marco in Gardone – residiert einer der nobelsten Clubs, hier gilt: In ist, wer drin ist. Ankommen mit dem eigenen Motorboot ist da auf jeden Fall hilfreich. Das Innere erinnert an ein römisches Kolosseum, riesige weiße Stufen, imposante Säulen und ein traumhafter Blick auf den See. Es geht aber dennoch nicht steif zu, eine Partynacht in lockerer Atmosphäre ist garantiert.

Eine Mischung aus Strandbar, Restaurant und Disco wird im Coco Beach Club am Lido di Lonato geboten. Hier hat man fast das Gefühl, am Meer zu sein, denn an dieser Stelle ist der See am breitesten und bis zum Ostufer sind es etwa 17 Kilometer. Nachmittags wird am Sandstrand gechillt, anschließend lädt das Restaurant zum Essen ein und abends verwandelt sich das Ganze in Windeseile in die heißeste und lauteste Partynacht am See. Der Coco Beach Club wurde 2017 Nummer zwei unter den besten Disco-Clubs in Norditalien und zählt zu den zehn besten nationalen Clubs.

Auf der Ostseite ist Bardolino die Disco- und Partystadt. Das Hollywood am Monte Felice ist seit 1986 das Disco-Highlight am See, *der* Mythos der Nächte. Unter Palmen und Sternenhimmel gibt es zahlreiche Sitzgruppen, Außenbars und natürlich eine Tanzfläche, von der aus man einen Superblick auf Bardolino und den See hat. Aber das Hollywood ist auch innen stilvoll und chic, auf verschiedenen Ebenen sorgen DJs abwechselnd mit Livebands für eine Superstimmung. Das Publikum ist bunt gemischt und unterschiedlichen Alters. Ein Muss für Freunde der Nacht.

75

OUTLETS

Schlechtwetter ist Shoppingwetter

Sicherlich – es gibt rund um den Lago di Garda, insbesondere in den Städten Trento, Rovereto, Verona oder Brescia, wirklich sehenswerte Museen und Ausstellungen, die man besuchen kann, um einen Regentag zu überstehen. Wer mit Kindern Urlaub macht, der hat die Wahl zwischen vielen spannenden Attraktionen wie etwa dem Seelife-Aquarium in Castelnuovo oder dem Technikmuseum Nicolis in Villafranca! Aber wer bei seiner Ehefrau oder Freundin punkten will, plant einen Ausflug in eines der großen Outlets. Für alle, die am westlichen oder südwestlichen Seeufer Urlaub machen, ist das Franciacorta Outlet empfehlenswert.

Auf einer Fläche von 33 000 Quadratmetern gibt es von Designermode, Schuhen, Haushaltsgeräten, Einrichtungsgegenständen bis hin zu Sportwaren alles, was Frauen- und auch Männerherzen erfreut.

Das Outlet hat den Vorteil, dass es sich in der Franciacorta befindet und es dort sehr gute Trattorien oder Enotecen gibt, in denen man nach der überstandenen und hoffentlich erfolgreichen Shoppingtour ein Glas köstlichen, prickelnden Franciacorta genießen kann.

Für diejenigen, die am südöstlichen Ufer des Sees ihr Urlaubsquartier haben, ist das Mantua Outlet am nächsten und bietet ebenfalls alles – ähnlich wie in der Franciacorta –, was Frauenherzen Freude macht. Am besten macht man so einen Ausflug ohnehin mit einer guten Freundin oder mit der Tochter – denn Shoppingtouren sind doch vorwiegend Mädelssache … Es geht ja gar nicht ums Einkaufen – schön, wenn man ein Schnäppchen findet –, vielmehr ist es das Bummeln, Schauen und Probieren ohne Zeitdruck. Ein Urlaubstag – ganz ladylike!

76

ROCCA DI MANERBA

Bizarrer Burgfelsen voller Naturgeheimnisse

Will man die Rocca di Manerba erklimmen, braucht man keine spezielle Wanderausrüstung und auch keine große Kondition. Gerade mal 216 Meter hoch ist der Burgfelsen. Hat man das eindrucksvolle Gipfelkreuz erreicht, wird man mit einer sensationellen Aussicht belohnt. Eine kleine Wanderung, die auch für Kinder bestens geeignet ist, da sie nur etwa eine halbe Stunde dauert.

Die Rocca di Manerba reicht weit in den Gardasee hinein und bildet die Bucht von Salò. Von der ehemaligen Burg sind nur noch Mauerreste vorhanden, aber das ist auch nicht so von Bedeutung, vielmehr ist es der Parco Archeologico Naturalistico und natürlich der Blick über den Gardasee, der die Menschen dort hinaufl ockt. Auf gut präparierten Wegen spaziert man durch eine intakte Natur, Schilder weisen auf die zu entdeckenden Pflanzen und auf verschiedene Vogelarten hin.

Auf den Steinen der Burgruine wurde ein modernes Museum errichtet, das rundherum den Blick auf den See freigibt und die umliegende Natur. Es ist zugleich ein harmonischer Übergang zu den Eindrücken, die man im Innern des Museums sammeln kann. Da das Land rund um die Rocca bereits 8000 bis 5000 v. Chr. besiedelt war, kann man Fundstücke aus der Bronzezeit und ein Pfahlbautenhaus besichtigen, aber auch eine römische Villa und mittelalterliche Kirchen. Einige der Ausgrabungen, die man auf dem Rundgang sehen kann, sind heute Weltkulturerbe der UNESCO. Die erste Etage ist voll und ganz der Natur gewidmet! Viele Baumarten und Tiere rund um den Felsen werden genau beschrieben. Das Museum ist eine absolut harmonische Vereinigung von Information, unverfälschter Natur und einem herrlichen Panoramablick auf den Gardasee.

77

ROTES KREUZ

Henri Dunants Erinnerungen an Solferino

Dem kleinen Ort Solferino, wenige Kilometer von Sirmione entfernt, würde man sicherlich keine so große Beachtung schenken, hätte dort nicht am 24. Juni 1859 die tragisch-berühmte Schlacht zwischen dem Königreich Sardinien-Piemont und Frankreich unter Napoleon III. gegen Österreich stattgefunden. Der grausige Krieg gilt als der schlimmste nach der Schlacht von Waterloo. Über 30 000 Soldaten verloren ihr Leben oder waren schwer verletzt und starben später an den Folgen ihrer Verwundungen. Zigtausende erkrankten aus Hunger und wegen schlechter sanitärer Verhältnisse während und nach der Schlacht.

In dieses grauenvolle Szenario kam Henri Dunant per Zufall auf seiner Reise von der Schweiz nach Italien, wo er geschäftlich zu tun hatte. Er sah dieses schreckliche Unglück und begann sofort zu helfen, indem er Überlebende und vor allem die Frauen von Castiglione um sich scharte, um die Verletzten zu versorgen. Das Motto hieß *tutti fratelli* (alle sind Brüder). Er errichtete Behelfskrankenhäuser und organisierte auf seine Kosten Verbandsmaterial und Hilfsgüter. Im Juli kehrte er tief beeindruckt von dem Erlebten nach Genf zurück. Um Abstand zu gewinnen, verbrachte er eine Zeit auf einer Berghütte und reiste später für einige Wochen nach Paris, wo er zusammen mit dem Genfer Arzt Louis Appia vom sardischen König Viktor Emanuel II. für seine Hilfe in Solferino ausgezeichnet wurde.

Diese furchtbaren Erlebnisse ließen ihn jedoch nicht los, und deshalb begann er, es sich von der Seele zu schreiben. In seinem Buch *Un souvenier de Solferino* (Eine Erinnerung an Solferino) beschreibt er die Schlacht, die chaotischen Zustände und das Leiden der Menschen, wies aber bereits darauf hin, dass man auf Basis von Freiwilligkeit in allen Ländern Hilfsorganisationen gründen sollte, um derart schlimmes Leid zu verhindern. Er ließ auf eigene Kosten 1600 Exemplare drucken und verteilte sie an Persönlichkeiten aus Politik und Militär in ganz Europa. Das Buch wurde noch zweimal nachgedruckt und vorwiegend positiv bewertet. Auf der Mitgliederversammlung der Genfer Gemeinnützigen Gesellschaft am 17. Februar 1863 wurde beschlossen, einen internationalen Hilfsverband für Verwundete zu gründen, woraus sich 1864 das Rote Kreuz entwickelte.

In Casteglione delle Stiviere, wo Dunant während der Schlacht lebte und gemeinsam mit den Frauen der Stadt half, wo es nur möglich war, gibt es seit 1959 ein Museum, das die Entstehungs- und Entwicklungsgeschichte dieser weltweiten Organisation zeigt. In

Solferino erinnert die Knochenkappelle Ossario di Solferino an die furchtbare Schlacht. 1413 Schädel von Gefallenen sind darin aufbewahrt. In der Nähe des weithin sichtbaren »Spia d'Italia« (Spion von Italien), wie die Rocca di Solferino auch genannt wird, wurde 1959 eine Gedenktafel des Roten Kreuzes eingeweiht.

Henri Dunant reist in den Jahren von 1874 bis 1886 durch Europa, er hat sein ganzes Vermögen verloren und lebt fortan in Armut. 1897 erhält der mutige Schweizer verschiedene Ehrungen und von der Witwe des verstorbenen Zaren eine jährliche Rente. 1901 wird ihm der Friedensnobelpreis verliehen und 1903 erhält er vom Ärzteverband den Ehrendoktor der Medizin. Am 30. Oktober 1910 stirbt Henri Dunant 82-jährig in Heiden in der Schweiz.

78

SAFRAN

Goldgelb, aromatisch und luxuriös

Safran, das kostbarste und somit auch teuerste Gewürz weltweit, kann auf eine lange Geschichte zurückblicken. Er war schon in der Antike begehrt, damals vor allem, weil man ihm eine heilende Wirkung zugeschrieben hat. Sogar in der *Bibel* und der *Ilias* wurde Safran erwähnt. Man vermutete zudem, dass er Glück bringt, denn in vielen Kulturen war es Brauch, den Hochzeitsschleier gelb zu färben, und wohlhabende Römer streuten Safranfäden auf die Hochzeitsbetten. Der medizinische Wert des Gewürzes wurde ebenfalls schon sehr früh erkannt, allen voran seine schmerzlindernde Wirkung, aber auch gegen Appetitlosigkeit wurde es gerne eingesetzt.

Das aus Vorderasien stammende Schwertliliengewächs wird seit dem 13. Jahrhundert in Italien angebaut, vorwiegend in der Toskana und den Abruzzen, seit 2001 auch in Pozzolengo nahe dem Gardasee. Der Safran der Azienda Agricola Al Muràs ist biologisch zertifiziert und Familie Grazioli hat es geschafft, das mühsam hergestellte Produkt italienweit erfolgreich zu vermarkten. Die jährlichen Analysen zeigen, dass der hier geerntete Safran zur höchsten Qualitätskategorie zählt. Grund dafür sind der Boden und das Mikroklima des moränischen Hügellands.

Den hohen Preis versteht man besser, wenn man einmal gesehen hat, wie viel Handarbeit in der Kultivierung der Pflanze, der Ernte und der Herstellung steckt. Die im August gepflanzten Knollen blühen zwischen Oktober und November – nebenbei bemerkt ein schöner herbstlicher Anblick. Frühmorgens gehen dann die Familienmitglieder aufs Feld, um die Krokusblüten zu ernten. Zurück im Haus, müssen die drei Stempelfäden – natürlich mit der Hand – aus der Blüte gezupft werden. Anschließend kommen diese dünnen Fäden auf einen Rost, um dann mit dem richtigen Abstand über glühenden edlen Holzscheiten geröstet zu werden. Dabei wird ihnen die Feuchtigkeit entzogen und die trockenen Fäden sind nun bereit zum Verpacken, entweder in kleinen Tütchen oder in kleinen Gläsern, die hermetisch verschlossen werden. Um ein Kilo Safran zu gewinnen, muss man mindestens 15 000 Blüten ernten und auszupfen. Der landwirtschaftliche Biobetrieb Al Muràs verkauft mittlerweile sein kostbares Gewürz nicht nur an viele Feinkostläden und gute Restaurants am Gardasee, man kann es auch direkt ab Hof kaufen. Safran färbt nicht nur Gerichte intensiv goldgelb, er ist ein Gewürz, das unvergleichlich edel schmeckt und überaus gesund ist.

› Safranfäden müssen mit der Hand aus der Blüte gezupft und dann geröstet werden, um ihre kostbare Wirkung entfalten zu können.

79

WEINGUT MONTONALE

Reisstroh-Cantina für ein gesundes Mikroklima

Es ist kein Strohfeuer, was Roberto, Claudio und Valentino Girelli mit ihrem neuen Weingut verwirklicht haben, sondern eine beachtens- und bewundernswerte Realität. Das Anfang des 20. Jahrhunderts neu gegründete Weingut wurde wegen Erbstreitigkeiten 1998 aufgegeben, alle Reben wurden gerodet. Roberto, der Sohn der alten Besitzerfamilie, hatte jedoch eine große Leidenschaft für Wein und beschloss, auch unterstützt von seinen beiden Brüdern, weiterzumachen. Sie begannen, die Rebflächen peu à peu zurückzukaufen und neu zu bestocken. 2002 brachte Roberto mit seinen Brüdern die erste Ernte ein. Die etwa 800 Flaschen, die sie vinifizierten, wurden an Freunde verkauft. 2012 entschieden sie sich für den Neubau ihrer Kellerei nahe des kleinen Weilers Montonale im Hinterland von Desenzano.

Da für sie nicht nur ein hoher Qualitätsanspruch an den Wein wichtig ist, sondern auch der Respekt vor der Umwelt, wählten sie eine bislang ziemlich einmalige Konstruktion. Die Basis für ihren Weinkeller ist nämlich Stroh. Sie haben richtig gelesen! Der neue, zweckorientierte Weinkeller und der sehr ansprechende Showroom wurden aus Reisstrohballen gebaut, getüncht mit einer Kalkschicht. Die Vorteile dieser zwar sehr alten, aber längst vergessenen Bauweise sind: erhöhte Transpiration, Verhinderung von Schimmelbildung und eine effektivere Isolierung, die eine optimale Temperatur für die Weinlagerung ganz ohne Energieverschwendung gewährleistet.

Claudio Girelli erzählt, dass sie bislang die einzige Kellerei in Europa sind, die auf diese Weise erbaut wurde. Es gibt zwar in

Südtirol einige Häuser aus Stroh, allerdings aus Weizen- oder Haferstroh, nicht wie in der Azienda Agricola Montonale aus Reisstroh. Da sich nicht weit vom Weingut entfernt ein weitläufiges Reisanbaugebiet erstreckt, war diese Wahl naheliegend. Wenn man das Weingut heute sieht, würde keiner vermuten, dass es aus diesem Material gebaut wurde. Lediglich ein großes Schaufenster neben dem Eingang zum Showroom gewährt einen Einblick in das Innere der Bauweise.

Die Girelli-Jungs haben zudem an eine andere sinnvolle Energieausnutzung gedacht. Eine Photovoltaikanlage auf dem Dach nutzt die Sonnenstrahlen und produziert die für das Weingut benötigte Energie. 115 000 Kilowatt an elektrischer Energie verhindern eine Luftverschmutzung von gut 62 Tonnen Kohlendioxyd. Das ist in etwa so, als ob zwölf Hektar Wald angepflanzt worden wären. Diese Energie reicht von der Kühlung der Trauben bis hin zur Flaschenabfüllung.

Ja, und zu guter Letzt sollte nicht vergessen werden, dass die Weine, die auf mittlerweile 22 Hektar eigener Rebfläche rund um das Gut umweltschonend vinifiziert werden, ebenfalls Eindruck hinterlassen. Hauptrebsorte ist die Turbiana-Traube die hier reinsortig zu einem eleganten, finessenreichen Luganawein verarbeitet wird. Es gibt einen Basis-Lugana und einen Cru, der bewusst nicht als *superiore* bezeichnet wird. Ansprechend ist auch ihr Rosato, er heißt »Rosa di Notte« und begeistert mit seiner lebendigen Frische den Weinliebhaber.

Roberto ist für die Vinifikation verantwortlich und meint: »Unser Bestreben ist es, voll und ganz auf die Qualität unserer Produkte zu setzen, jedoch mit dem höchsten Respekt gegenüber der Umwelt, dem Territorium und der Tradition.«

IV

DAS WEST-LICHE, LOMBAR-DISCHE SEEUFER

Bei Limone sul Garda

80

ABENTEUER NATUR

Garten der fünf Sinne & Sinn für Genuss

Nach einigen gut ausgebauten Kurven erreicht man von Garganno kommend das Hochplateau von Tignale auf 555 Meter Höhe. Die Gemeinde besteht aus sieben Dörfern, die verstreut zwischen Wiesen, Feldern, Obstgärten und Olivenbäumen liegen. Hier macht Urlaub, wer Ruhe und frische Luft sucht, Wandern, Nordic Walking oder Mountainbiken liebt und gern in urigen Trattorien mit traditioneller Küche einkehrt. Wer denkt, dass Urlaub mit Kindern hier oben Fehlanzeige ist, der irrt. Denn Tignale bietet für Kids und ihre Eltern im »Garten der fünf Sinne« Abenteuer pur. Auf einem Lehrpfad können Kinder die wichtigsten Baumarten auf spielerische Weise kennenlernen und an Spuren erraten, um welche Tiere es sich handelt. Richtig sportlich aktiv wird's dann im Klettergarten des Parco Avventura – für alle Altersgruppen gibt es etwas zu entdecken!

Die Hochebene ist aber nicht nur für Erholungssuchende ein guter Platz, auch Olivenbäume fühlen sich auf der sonnigen Terrasse über dem Gardasee wohl und ihre Früchte ergeben ein besonders aromatisches Öl. Alle Oliven, die in der Genossenschaft Latteria Turnaria in Tignale schonend gepresst werden, stammen aus biologischem Anbau. Die Früchte werden von Hand gepflückt und rasch verarbeitet, denn die Wege sind droben auf der Höhe kurz und alle Bauern helfen während der Erntezeit zusammen. Fast jede Familie in der Gemeinde Tignale besitzt einige Olivenbäume, daher war eine genossenschaftliche Verarbeitung der Oliven naheliegend. Die Ölmühle im Herzen des Dorfes Tignale kann man besichtigen und beim Anblick der alten Pressen und Werkzeuge versteht man, wie mühsam die Verarbeitung noch im vergangenen Jahrhundert war. Im hübschen Verkaufsladen wird das Öl in unterschiedlichen Verpackungsgrößen angeboten, dazu viele andere landwirtschaftliche Produkte, die auf der Hochebene handwerklich hergestellt werden.

Die sieben Dörfer liegen alle hoch über dem Gardasee, nur ein ganz kleiner Zipfel der Gemeinde befindet sich direkt am Seeufer. Es ist der Hafen von Tignale, die sogenannte *Pra del la Fam* (Hungerwiese), heute ein beliebter Treffpunkt für Surfer und Kiter. Gegenüber auf der anderen Seite der Gardesana Occidentale befindet sich die am besten erhaltene Limonaia, die man auch besichtigen kann. Diese »Ziergärten«, wie sie einst genannt wurden, sind Zeugen einer längst vergangenen Epoche und Kultur. Sie wurden im 13. Jahrhundert angelegt und machten ganz allmählich aus Bauern und Fischern Gärtner. Lange Zeit waren die Zitronen eine wichtige Einnahmequelle für die Bevölkerung entlang der Westküste. Wirtschaftliche Bedeutung haben sie zwar nicht mehr, aber sie schmecken noch immer unglaublich köstlich und ihr Duft ist faszinierend.

81

AGRUMI

Der Garten Eden von Gabriella und Giovanni

Cavaliere Giovanni Risatti war einer der wichtigsten Pioniere, wenn es um den Fremdenverkehr am Gardasee geht. Er baute im Laufe vieler Jahre weit über die Grenzen von Limone hinaus ein gut funktionierendes Netz für den Tourismus auf. In den Fünfziger- und Sechzigerjahren war seine Hauptttätigkeit, vorwiegend deutsche Urlauber auf die Gardasee-Region aufmerksam zu machen und die kleinen Hotels davon zu überzeugen, dass man den Gästen mehr bieten muss als nur eine schöne Landschaft. Sein unermüdlicher Einsatz für den Tourismus in Italien wurde von der italienischen Regierung mit der höchsten Auszeichnung gewürdigt, die der italienische Staat vergeben kann: Cavaliere della Repubblica.

Dann aber kam die Zeit, als Giovanni und seine Ehefrau Gabriella beschlossen, endlich das zu tun, was ihnen schon immer am Herzen lag: sich der Natur und der unglaublichen Vielfalt der *Agrumi* (Zitrusfrüchte) zu widmen. Sie fanden ihr kleines Paradies an einem sonnigen Berghang über Limone, umgeben von Zitrusgewächsen und mit einem Traumblick auf den Gardasee. Anfangs war das Suchen nach längst vergessenen Zitrusarten ein entspannendes Hobby, das sie nach der hektischen Zeit ihres Arbeitslebens genossen. Aber schon bald wurden es mehr und mehr und heute gedeihen dort neben Olivenbäumen und bunten Blumen 150 *Agrumi*-Bäume aus 45 unterschiedlichen Sorten, zum Beispiel Cedri, Orangen, Zitronen, Bergamotte, Chinotti, Limetten, Pampelmusen und Kumquats.

Anfangs kochte Gabriella aus den im Januar und Februar geernteten Früchten delikate Marmeladen, die sie an Freunde verschenkte. Aber die Bäume wurden größer und somit auch der Ertrag. Also mussten sie sich allmählich Gedanken um die Vermarktung machen. Von Anfang an war der biologische und biodynamische Anbau für sie überaus wichtig und sie waren stolz, als sie 2008 die Biozertifizierung erhielten.

Neue Rezepte wurden immer und immer wieder ausprobiert, bis sie so schmeckten, wie sie sich das vorstellten. Neben verschiedenen Sorten an Marmeladen kreierten sie einen exzellenten Limoncello, einen feinen Likör aus Orangen und Cedro, feine Sirupe aus Holunderblüten und vieles mehr, natürlich alles bio! Ihr Ruhestand ist also ganz schön abwechslungsreich und teilweise auch arbeitsintensiv.

Mittlerweile bieten sie in ihrem Minibiobetrieb, den sie »Frutto del Garda« genannt haben, eine stattliche Anzahl an handverlesenen und biologisch produzierten Köstlichkeiten. Man kann direkt im *Agrumi*-Garten einkaufen, so hat man die Möglichkeit, einen kleinen Spaziergang durch das Zitrusparadies zu machen und dabei einen gigantischen Blick auf den blau glitzernden Gardasee und Limone zu werfen. Im Januar und Februar hängen die Bäume voller Früchte und ab dem Frühjahr durchzieht ein faszinierender Duft blühender *Agrumi*-Blüten den Garten Eden. Auf die Frage, ob ihnen die Arbeit nicht doch zu viel werde, meint Gabriella: »Nach einem langen und turbulenten Arbeitsleben ist die Arbeit mit den *Agrumi* eine wohltuende Entspannung! Dennoch, gerade zur Erntezeit, wird es auch schon mal ganz schön anstrengend. Aber an diesem Ort, umhüllt von bezauberndem Zitrusduft in einer himmlischen Ruhe und mit traumhaftem Seeblick, wäre Jammern eine Sünde.«

82

ALTO GARDA BRESCIANO

Dort, wo Milch und Honig fließen

Von Salò bis hinauf nach Limone und Richtung Westen bis zum Valvestino-See erstreckt sich auf einer Fläche von 38 000 Hektar der Naturpark Alto Garda Bresciano. Wegen des enormen Höhenunterschieds von 65 Metern am Seeufer bis hinauf auf fast 2000 Meter am Monte Caplone entdeckt man eine abwechslungsreiche Fauna und Flora, die teils mediterran, teils alpin geprägt ist. Das Gebiet in diesem Hinterland des Gardasees ist dünn besiedelt und es wechseln sich Hügel, Berge und Täler ab. Ein optimales Wander- oder Mountainbikegebiet!

Die Einheimischen in den kleinen Dörfern leben seit jeher vorwiegend von der Landwirtschaft. Überall auf den Weiden der Hochebene trifft man Kühe und seit 1998 sind es fast ausschließlich braune Milchkühe. Es hat sich nämlich herausgestellt, dass die Rasse Brown Swiss nicht nur bergtauglich ist und sich jeden Witterungsbedingungen anpasst, sondern auch noch eine besonders hochwertige Milch gibt – eine hervorragende Basis für herzhaften Bergkäse. Zudem sind die Kühe ausgesprochen gebärfreudig, was sicherlich auch an der guten Luft und am saftigen Gras mit den vielen Kräutern liegt.

Im nördlichen Teil des Naturparks bei Tremosine haben die Kleinbauern bereits in den Achtzigerjahren erkannt, dass man mehr erreichen kann, wenn man sich zusammenschließt. Motor für die Gründung einer Genossenschaft war Don Giacomo Zanini. Der Priester unterstützte zuallererst die Gründung einer Raiffeisenbank in Vesio, einem der 18 Dörfer von Tremosine, damit die Landwirte investieren konnten. Der zweite Schritt war 1980 die Gründung einer kleinen bäuerlichen Genossenschaft, der Alpe del Garda. Zuerst baute man eine Molkerei mit angeschlossener Käserei, um die Milch gleich frisch vor Ort zu verarbeiten. Im Laufe der Jahre kamen dann noch eine Metzgerei, eine landwirtschaftliche Vorratskammer und ein weitläufiger, ansprechender Laden hinzu, in dem die hergestellten Produkte verkauft werden. Das ist aber längst nicht alles, was hier oben wächst und gedeiht: Hergestellt werden auch köstliches Olivenöl, allerfeinste Wald- und Blütenhonige, hausgemachte Konfitüren und Schnäpse.

Ganz in der Nähe der Alpe del Garda lädt ein Agriturismo zum Verweilen ein, der ebenfalls von der Genossenschaft geführt wird. Die gute Stube ist nur mittags geöffnet und es gibt ausschließlich traditionelle Gerichte vom Berg wie Polenta mit Käse aus Eigenproduktion, aber auch Käse- und Speckteller oder schmackhaftes Fleisch vom Grill. So gestärkt, kann der Wanderer seinen Weg auf einem der zahlreichen, gut ausgeschilderten Wanderpfade im Alto Garda Bresciano fortführen.

83

BELLE ÉPOQUE

Die Schokoladenseite hat Seeblick

Kaum ein anderer Ort am Gardasee ist so geprägt von der Belle Époque wie Gardone. Gegen Ende des 19. Jahrhunderts verwandelte sich das kleine Fischerdorf in einen mondänen Kurort. Er wurde zu einem beliebten Reiseziel für das wohlhabende Bürgertum, für Aristokraten, Künstler und Poeten, und das vor allem in den Wintermonaten. Ärzte im In- und Ausland waren sich einig: Das mediterrane Klima und das *dolce far niente* wirken sich absolut wohltuend und heilend auf die Menschen aus. Es entstanden prachtvolle Villen, Palazzi und Hotels und es wurden traumhafte Gärten mit einer vielfältigen, mediterranen und exotischen Pflanzenvielfalt angelegt.

Der Österreicher Ludwig Wimmer ließ zwischen 1884 und 1886 das seinerzeit größte und luxuriöseste Hotel am Gardasee erbauen. Bald war das Grand Hotel Gardone Riviera der Hotspot für prominente Gäste, zu denen neben Sir Winston Churchill der Nobelpreisträger Paul Heyse, der Schriftsteller William Somerset Maugham und weitere Berühmtheiten des Theaters und der Literatur zählten. Da es die Gardesana Occidentale noch nicht gab – sie wurde erst 1931 fertiggestellt und eingeweiht –, kamen die Gäste mit dem Schiff an. Das ist auch der Grund, weshalb sich die Hotels von der Seeseite aus von ihrer schönsten Seite zeigen. Fährt man heute am Grandhotel Gardone vorbei, vermutet man – von der Straße aus betrachtet – sicherlich kein Luxushotel. Geht man allerdings auf den Bootsanlegesteg, dann zeigt sich das Grandhotel in seiner ganzen Pracht und ist bis heute ein beliebtes Fotoobjekt.

Ähnlich ist es mit dem Grandhotel Fasano, das ein Stückchen außerhalb von Gardone Sotto erbaut wurde. Es ist von einem wunderschönen Park umgeben und war seinerzeit Jagdsitz der österreichischen Kaiserfamilie. Das Fünf-Sterne-Hotel wurde von seinen derzeitigen Besitzern zwar mit einer einladenden Straßenseite bedacht, kommen doch heute die meisten Gäste mit einer Limousine an, dennoch ist die Seeseite einfach noch einen Tick attraktiver.

Obwohl auch in Gardone die schicken Luxushotels, und davon gibt es in dem kleinen Ort mehrere, im Winter geschlossen haben, das Städtchen hat sich den Charme der Belle Époque bewahrt – auch zur quirligen Hauptsaison im Sommer!

84

BOGLIACO

Im September erwacht das charmante, vornehme Kleinod

Kommt man nach Gargnano, erinnert das ein wenig an den Tourismus vergangener Zeiten. Alles ist hier ein wenig ruhiger, ein wenig gelassener und gerade deshalb ein Paradies für jene, die Entspannung im Urlaub suchen. Ein Spaziergang durch den Ortskern ist kein Spießrutenlauf, wie es zur Hauptsaison auf der Ostseite üblich ist. Man bekommt auch meist einen Platz in der gemütlichen Bar am kleinen Hafen und um das köstliche Eis zu ergattern, muss man auch nicht ewig in einer Schlange anstehen.

Die Gemeinde Gargnano ist flächenmäßig mit einer Ausdehnung von 78,3 Quadratkilometern die größte Gemeinde – bezogen auf die Einwohnerzahl – in ganz Italien. Drei der Fraktionen, Gargnano, Bogliaco und Villa, liegen direkt am Seeufer und die restlichen zehn verstreut bis auf 500 Meter Höhe. 1987 wurde der geschützte, von herrlicher Natur umgebene Hafen, der Platz für 150 Boote bietet, eingeweiht. In der Marina di Bogliaco ist es zwar während des Jahres reger, aber es herrscht kein hektischer Betrieb. Wer nicht segeln möchte, der genießt die Sonne an einem kleinen Strand unweit der Marina.

»Das Wasser dieses Sees hat die schönsten Farben, die man sich vorstellen kann: Veilchenblau im Schatten und Smaragdgrün, wenn es sich an den weißen Felsen bricht.«

David Herbert Lawrence (1885–1930)

Aber einmal im Jahr, im September, ist rund um den Hafen und in Bogliaco, Villa und Gargnano so richtig was los. Es startet die internationale Segelregatta Centomiglia, die wichtigste und bedeutendste Segelveranstaltung Italiens. Sie ist die längste existierende Regatta in Binnengewässern und *der* Segelwettbewerb, der bislang am häufigsten stattgefunden hat: 2018 jährt sich das Ereignis zum 78. Mal. Die erste Regatta fand am 8. und 9. September 1951 statt. Die Strecke ging damals wie heute von Bogliaco in Richtung Desenzano, weiter über Torbole und wieder zurück zum Ausgangshafen. Für Segler ist die Lage der Marina di Bogliaco ein optimaler Startpunkt, da das Auslaufen von den kräftigen und steten Nordwinden unterstützt wird. Der Start der Centomiglia ist Jahr für Jahr ein großes gesellschaftliches Ereignis mit vielen Festen und Feierlichkeiten. Die Teilnehmer und zahlreichen Zuschauer freuen sich aber nicht nur auf das sportliche Ereignis auf dem See, sie genießen vor allem die einzigartige Atmosphäre und die Schönheit dieses wunderschönen, charmanten Dörfchens an der Westküste.

(85)

BOLLICINE

Es ist nur ein Katzensprung zu den noblen Pricklern

Die Franciacorta, das kleine, aber feine Weinbaugebiet am romantischen Lago d'Iseo, das sich auf die Produktion nobler Schaumweine spezialisiert hat, liegt im touristischen Schatten des Gardasees. Das änderte sich, als der bulgarische Künstler Christo die leuchtend gelben, schwimmenden Stege, die *Floating Piers*, auf dem Lago d'Iseo installierte. Vom 18. Juni bis 3. Juli 2016 kamen über eine Million Besucher aus aller Welt an den See. Viele haben sich gewünscht, dass dieses Wasserprojekt auf Dauer bliebe, aber Christo vertritt die Ansicht, dass gerade in der Vergänglichkeit die Stärke liege und das Kunstwerk nur so zum Mythos werden könne.

Für die Winzer im 20 000 Hektar großen moränischen Hügelland, das geprägt ist von Rebstöcken und Wäldern, war es dennoch eine willkommene Gelegenheit, ihre edlen Schaumweine einem breiten Publikum bekannter zu machen. Die Franciacorta kann zwar auf eine lange Geschichte des Weinbaus zurückblicken, bereits im 16. Jahrhundert kelterte man dort Weine, das Potenzial des Gebiets entdeckte man aber erst in den späten Fünfzigerjahren des vergangenen Jahrhunderts. Einer der Pioniere der Schaumweine mit traditioneller Flaschengärung war das Weingut Berlucchi. 1961 brachte es den ersten prickelnden Franciacorta auf den Markt. Es waren im darauffolgenden Jahrzehnt vor allem zwei Großindustrielle (Vittorio Moretti und Maurizio Zanella), die Rebflächen in der Franciocorta erwarben, sich namhafte Önologen der Schaumweinbranche enga-

› Im Weinkeller von Ca' del Bosco reifen beste Franciacorta-Weine in großen Holzfässern.

CA' DEL BOSCO

gierten und mit ihren Weingütern Bellavista und Ca' del Bosco der Franciacorta einen ersten Aufschwung verschafften.

Beide Kellereien sind heute international bekannt für brillante Spitzenschaumweine, haben aber gleichzeitig den Weg geebnet für viele weitere hochkarätige Winzer, die mit ihren edlen Pricklern Weinliebhaber erfreuen. Über 100 Weingüter produzieren heute auf einer Fläche von etwa 2800 Hektar nach strengen Vorschriften des Konsortiums, das 1990 gegründet wurde, feine Schaumweine aus Pinot Nero, Chardonnay und Pinot Bianco. Neben dem klassischen Brut und Extra brut werden von fast allen Kellereien auch Roséschaumweine und der Satèn produziert. Letzterer ist vergleichbar mit dem Blanc de blanc in der Champagne, also 100 Prozent Chardonnay, nur dass in der Franciacorta auch ein kleiner Anteil Pinot Bianco dabei sein darf. Ein Nischenprodukt, das aber immer mehr Genießer begeistert, ist der Pas dosé – ein extrem trockener Schaumwein ohne Dosage. Die Prickler müssen mindestens 18 Monate auf der Hefe ruhen, und bevor sie verkauft werden, vergehen mindestens 25 Monate. Die Franciacorta Riserva darf erst nach fünfeinhalb Jahren Reifezeit auf den Markt kommen.

Für Gardasee-Urlauber sind die liebliche Landschaft und der gepflegte, großartige 27-Loch-Golfplatz allein einen Ausflug in die Franciacorta wert, es lockt aber zudem »La Strada del Franciacorta«, die an vielen besuchenswerten Weingütern und richtig guten Trattorien und Ristoranti mit einer exzellenten Küche vorbeiführt. Zu guter Letzt ein Tipp: Fragen Sie niemals nach einem Spumante oder gar nach einem Prosecco – das käme einer Todsünde gleich. Die Schaumweine heißen ausschließlich »Franciacorta« – *basta*!

86

CALVISIUS

Weltweit geschätzt – kostbarer Kaviar vom Gardasee

Nur wenige Kilometer vom südlichen Ufer des Gardasees entfernt und in der Nähe der Stadt Brescia befindet sich die größte Kaviarproduktion europaweit und die drittgrößte der Welt nach zwei Produktionsstätten in China. Es ist kaum zu glauben, aber wahr: Die Firma Agroittica Lombardo SpSA im kleinen Dorf Calvisano liefert Kaviar in 43 Länder und in einer beachtlichen Menge sogar nach Russland – dorthin allerdings mit einem russischen Markennamen und ohne die Bezeichnung »Made in Italy«. Hauptabnehmer der feinen Störeier ist die First Class namhafter Fluggesellschaften, gefolgt von Sternerestaurants und Luxushotels in aller Welt.

Die Geschichte des Luxusprodukts nahe des Gardasees begann 1977, als Giovanni Tolettini, Teilhaber des Stahlwerks in Calvisano, überlegte, wie er das erwärmte Kühlwasser nutzen könnte, das bei der Stahlproduktion anfällt. Da Calvisano in der Ebene liegt, war es naheliegend, das Wasser für eine Fischzucht zu nutzen. Der damalige Verantwortliche der neu gegründeten Aquakultur, Gino Ravagnan, traf 1981 zufällig Serge Doroshov, einen berühmten Meeresbiologen der Universität Davis in Kalifornien, der ihm riet, das angewärmte Wasser für die Zucht weißer Störe zu nutzen. 1992 kam der erste Calvisius-Kaviar auf den Markt, und das war der Beginn einer großartigen Erfolgsstory! Agroittica war der erste Betrieb in Europa, der Störe in Aquakultur züchtete. Derzeit werden hier 28 Tonnen Kaviar pro Jahr produziert.

In dieser gottverlassenen Gegend bedecken zahlreiche künstlich angelegte Teiche eine Fläche von 60 Hektar. Darin tummeln sich 60 000 Störe sechs verschiedener Arten: der weiße Stör, der Sevruga-Stör, der Siberiano-Stör, der Adriatico-Stör, der russische Stör und der Beluga-Stör. Bis die köstlichen kleinen Eier Feinschmecker begeistern, brauchen die Störweibchen zwölf bis 15 Jahre, beim Beluga-Stör sind es sogar bis zu 20. Das ist der Grund, weshalb Kaviar so teuer ist.

Man fragt sich, was mit dem Fleisch der getöteten Störweibchen und vor allem mit dem der nicht für die Kaviarzucht zu gebrauchenden Männchen geschieht? Agroittica ist der erste Züchter und Produzent von Störfleisch weltweit. Das köstliche, sehr magere Fleisch enthält reichlich wertvolle Omega-3-Fettsäuren, die sich positiv auf den Cholesterinspiegel auswirken. Zudem ist es absolut grätenfrei und ähnelt in Struktur und Geschmack dem des Seeteufels. Über 90 Prozent des Störfleisches von Argoittika gehen in den Export, vor allem in die nördlichen Länder Europas. Es wird roh, geräuchert oder in Öl eingelegt vermarktet.

Im Betrieb in Calvisano werden aber auch weitere Produkte rund um den Kaviar hergestellt wie z.B. Kaviarbutter, zu Barren gepresster Kaviar und – wie sollte es im Land der Pasta anders sein – auch Ravioli mit Störfleisch und Kaviar gefüllt. Hauptprotagonisten der Firma Agroittika sind jedoch die edlen Störeier, die in goldenen Döschen mit schwarzem Etikett und der Aufschrift »Calvisius Caviar Tradition Made in Italy« angeboten werden. Wer am Gardasee Urlaub macht und gern Kaviar genießt, fährt am besten nach Calvisano und kauft direkt im Shop bei der Produktionsstätte ein!

87

CAMPIONE DEL GARDA

Statt Baumwollfabriken Luxusdomizil für Wassersportler

Campione ist das einzige Dörflein der Gemeinde Tremosine, das direkt am Seeufer liegt. Gleich hinter der schmalen Landzunge erhebt sich eine furchteinflößende Steilwand. Ein Minidorf, das einst für die Bevölkerung von Tremosine eine beachtliche wirtschaftliche Bedeutung hatte. Giacomo Feltrinelli und Vittorio Olcese errichteten 1896 auf diesem kleinen Fleckchen Erde, das nur über den Seeweg erreichbar war, eine große, lukrative Baumwollweberei. Wieso man gerade dieses, meist im Schatten liegende Campione ausgewählt hat, lag zum einen an dem Sturzbach San Michele, zum anderen gab es in Tremosine mit seinen 17 Bergdörfern genügend Menschen, vor allem Frauen, die froh waren, Arbeit zu finden. Auf der Landzunge entstand aber nicht nur die Baumwollweberei, man baute auch Wohnungen für die Arbeiter mit dem Hintergedanken, dass diese in dem gottverlassenen Winkel ziemlich isoliert sind und sich deshalb noch intensiver um ihre Arbeit kümmern. Jene, die weiterhin in den Bergdörfern lebten, gelangten über einen schmalen Pfad hinauf nach Prabione und mussten diese Strecke von etwa einer dreiviertel Stunde zweimal am Tag zurücklegen. Heute ist es ein Wanderweg, der anfangs über viele Stufen und ziemlich steil nach oben geht, aber immer wieder schöne Ausblicke auf Campione und den See bietet. Einige Passagen sind für Menschen mit Höhenangst vielleicht ein wenig problematisch.

Die Baumwollfabrik arbeitete einige Jahrzehnte sehr erfolgreich, wurde aber 1981 aus Gründen der Unwirtschaftlichkeit stillgelegt. Danach geriet die kleine Ansiedelung in Vergessenheit und die Häuser verfielen. Surfer, Kitsurfer und Segler entdeckten, dass vor dieser Halbinsel ein steter Wind vom Norden bläst, der optimal für ihren Sport ist. So wurde das nur schwer erreichbare Campione ein kleines Surf- und Campingeldorado, bis die Siedlung von der Firma Olcese an einen Immobilieninvestor verkauft wurde. Seither wir hier gebaut, renoviert und gestaltet, aber der richtige Durchbruch für das geplante Luxusdomizil für betuchte Wassersportler ist wegen diverser Unstimmigkeiten und Insolvenz bislang noch nicht so ganz gelungen. Doch was nicht ist, kann ja nur noch besser werden.

88

CIMA REST

Eine wohltuende Oase der Ruhe und Entspannung

Der Gardasee ist bekannt dafür, dass er nicht nur für all jene, die gern schwimmen, surfen oder sonnenbaden ein optimales Urlaubsziel ist, sein Hinterland ist für Naturliebhaber, Wanderer und Menschen, die Ruhe und Erholung suchen, ebenso perfekt. Da ist zum Beispiel eine halbe Stunde Autofahrt von Gargnano entfernt im Parco Alto Bresciano die Hochebene Cima Rest. Auf 970 Meter Höhe liegen saftige Wiesen, fruchtbare Weiden und grüne Wälder und im Hintergrund erhebt sich der legendäre Monte Tombea, nach dem auch der dort hergestellte Käse benannt ist.

Der Tombea-Käse wird ausschließlich von Mai bis September in Almhütten in der Nähe von Magasa und Capovalle auf traditionelle Weise produziert. Er hat eine zylindrische Form, wiegt zwischen sieben und 14 Kilogramm und hat viele unregelmäßige Löcher. Sein Geschmack erinnert, wenn er noch jung ist, an frische Milch und Bergblumen. Gereift schmeckt er intensiv würzig.

Es ist ein Käse, den man nur auf der Hochebene selbst oder in guten Fachgeschäften im Tal auf der Westseite des Sees erhält. Bei Magasa gibt es eine Tombea-Käseroute, der Weg führt an einigen *Malghe* (Almhütten, in denen Käse handwerklich hergestellt wird) vorbei, aber auch an einem Milchmuseum. Hier kann man zusehen, wie Milch in Käse verwandelt wird – für Großstadtkinder eine echte Offenbarung.

Neben dem Käse gedeihen auf diesem naturbelassenen Fleckchen Erde auch die »Bohnen des Valvestino« von einer Sorte, die ursprünglich in Mittelamerika beheimatet ist. Die Bohnenkerne kamen vor Jahrhunderten in dieses Gebiet nahe dem Valvestino-See und haben sich dank des besonderen Mikroklimas prächtig entfaltet. Es ist schade, dass diese köstlichen Hülsenfrüchte allmählich in Vergessenheit geraten, aber wenn man in Magasa oder in Cima Rest irgendwo einkehrt, sollte man ein Gericht mit den »Papst-Bohnen« genießen. Die bunten Bohnenkerne werden landläufig so genannt, weil sie der Papst und die Kardinäle während des Tridentinischen Konzils so gern verspeist haben.

Wenn man vom Wandern und Verkosten müde geworden ist, kann man in einem der Strohscheunen auf etwa 1200 Meter übernachten. Cima Rest wird auch das »Plateau der Strohdächer« genannt, aber keine Angst, die Scheunen mit den typischen ländlichen Reetdächern sind gut ausgestattet und bieten je nach Bedürfnis Platz für Familien oder auch Gruppen. Und: Es gibt sogar eine Heizung! In einer dieser Strohscheunen ist das Ethnografische Museum von Valvestino untergebracht, um den Besuchern die Vergangenheit, das Brauchtum und die Arbeit der Bergbauern näherzubringen. Lust bekommen, dort oben Urlaub zu machen? Für Wanderer, Mountainbiker, Reiter und Trekking-Liebhaber das absolute Paradies!

89

FISCHEREIZUNFT

Nachts werden die Fischer auf dem tiefschwarzen See aktiv

Sehr viele professionelle Fischer gibt es rund um den Gardasee nicht mehr. In Garda existiert zwar die älteste Fischereigenossenschaft Italiens, 1942 gegründet, aber die aktiven Mitglieder werden auch an der Ostküste von Jahr zu Jahr weniger. Derzeit sind es noch um die 20 Fischer, die ihre tägliche Ausbeute an die *Cooperativa* liefern. In Gargnano ist seit Jahrzehnten die Fischerfamilie Dominici Hauptlieferant für die feinen Restaurants und Hotels auf der Westseite. Außer ihnen gibt es kaum noch Fischer auf dieser Seeseite, die das Gewerbe hauptberuflich ausüben.

Signor Dominici führt mit seinen beiden Söhnen Luca und Marco einen gut florierenden Fischereihandel, aber das ist nur möglich, weil beide Söhne die Leidenschaft, Fischer zu sein, vom Vater geerbt haben. Jede Nacht, auch bei Regen und Wind, in einem kleinen Boot, das eher einer Nussschale gleicht, hinaus auf den tiefschwarzen See zu fahren, das ist nicht jedermanns Sache, vor allem nicht, wenn man jung ist. Frägt man aber Luca, ob er sich eine andere Arbeit vorstellen könnte, antwortet er wie aus der Pistole geschossen: »Es ist einfach herrlich, trotz Arbeit, wenn morgens hinter den Bergen die Sonne aufgeht, eine himmlische Ruhe über dem See liegt und ich die enge Verbundenheit mit der Natur spüre. Nein, ich könnte mir nichts anderes vorstellen.«

Nahe dem geschichtsträchtigen Kirchlein San Giacomo aus dem 11. Jahrhundert und abgeschirmt von einer Steinmauer, vor der ein Bougainvillea-Strauch üppig blüht, liegt der kleine Hafen der Fischerfamilie. Hier wird der tägliche Fang in Styroporkisten verteilt und rasch an die Restaurants ausgeliefert. Vorwiegend sind es

Lavarello oder *Coregone* (Blaufelchen), *Sarde del garda* (Gardasee-Sardinen) und, wenn man Glück hat, die sehr raren, überaus köstlichen *Carpione* (Gardasee-Forellen). Ein kleiner Anteil wird auch an Privatkunden verkauft und wer rechtzeitig da ist, bekommt frisch filetierte Gardasee-Sardinen in feinstem Olivenöl eingelegt.

90

GARTENPARADIES

Natur, Kunst und Fantasie im Einklang

Es gibt eine ganze Reihe schöner Gärten und Parks rings um den Gardasee, aber nur einen, bei dem das altpersische Wort Paradaidha tatsächlich sinngemäß umgesetzt wurde. Paradaidha bedeutet »Garten« und daraus wurde das Wort »Paradies« abgeleitet. André Heller nennt seinen Garten mit den mehr als 2000 Pflanzenarten aus aller Welt eine »Musterkollektion der Weltgegenden«. Durch das von ihm selbst entworfene, dekorative Eingangstor betritt man eine faszinierende Pflanzenwelt. Japanische Stechpalmen, tibetische Fahnenbäume, eine chilenische Araukarie und der Parinirvana-Buddha aus Burma versetzen uns in eine andere Welt. Lediglich Keith Harings sich freuender Hund und das niedliche kleine Mädchen von Peter Pongratz bringen uns auf heimischen Boden zurück.

Das für Gärten im mediterranen Raum lebensnotwendige Wasser kommt aus einer Quelle, die oberhalb von Gardone entspringt und unterirdisch in den oberen Teil des Gartens geleitet wird. Von hier aus speist sie ein Becken, das sich in Bächen und Teichen verzweigt. In der Mitte des Parks ist ein mit Seerosen und Lotus-

blüten bedeckter Teich, in dem japanische Koi-Karpfen leben. An seinem Ufer sitzt zufrieden lächelnd der elefantenköpfige Ganesha, einer der beliebtesten indischen Götter. Vom monotonen Schlag des Shishi Odoshi begleitet, betritt man einen Bambushain, einen Ort der Meditation, denn Bambus und Lotus sind die Sinnbilder asiatischer Kultur. Bambus, erst seit dem 19. Jahrhundert in unseren Breiten heimisch, steht für Ausdauer und Hartnäckigkeit.

»Ich saß und schaute auf den See. Er war schön wie das Paradies, wie die erste Schöpfung.«

D. H. Lawrence

Der italienische Name für Lorbeer ist *Lauro*. Dichter wurden mit einem Lorbeerkranz zum *Poeta laureata* gekrönt. Ein ganz besonderer Baum ist der Ginkgo, der in Ostasien auch als Tempelbaum kultiviert wird und bis zu 1000 Jahre alt werden kann.

Ein Spaziergang durch Hellers Park ist eine außergewöhnliche Reise in eine Welt, die Natur, Kunst und Fantasie harmonisch vereint, und man verlässt diesen magischen Platz erfüllt mit einem Gefühl der Freude. André Heller hat, so erzählt man sich, seine venezianische Villa und den Park an eine Wiener Privatbank verkauft, wird aber immer wieder hierher kommen, um seine Ideen weiterhin mit einzubringen.

‹ Die Buddhastatue im Park lädt zur Meditation ein.

91

GARDASEE-KLASSIK

Gemütliche Oldtimerwanderung rund um den See

Wer träumt nicht davon, mit einem Oldtimer den See zu umrunden, ganz gemütlich die abwechslungsreiche Landschaft zu genießen – zwischendurch ein Stopp in einer gemütlichen Trattoria und dennoch immer ein Ziel vor Augen. Natürlich kann man sich auch einen Oldtimer ausleihen und auf eigene Faust losfahren, aber mit gleichgesinnten Oldtimerfans macht es mehr Spaß. Das dachte sich auch der ADAC Nordrhein und veranstaltet 2018 nun bereits zum vierten Mal diese Oldtimerwanderung am Gardasee.

Jedes Mal wird eine Tour mit einem anderen Start-Ziel-Ort zusammengestellt. Bei der ersten, 2015, entschied man sich für Limone, 2016 stand Garda im Mittelpunkt des beliebten Geschehens, 2017 war dann die schönen Stadt Riva dran und 2018 geht's in Desenzano los. Der Wettergott meinte es im September fast immer gut mit den Oldtimern und den Zuschauern am Wegesrand, die diese Fahrt der schönen alten Autos begeistert verfolgen.

Über vier Tage geht es von einem malerischen Ort zum anderen. Eine echte Herausforderung für die superaufpolierten Autos aus längst vergangenen Zeiten sind die Höhenstraßen im Trentino und in der Lombardei. Lediglich 60 Teilnehmer dürfen sich mit ihren Oldies anmelden. Erlaubt sind alle Modelle, angefangen von Vorkriegsfahrzeugen bis zu »Youngsters« der Siebzigerjahre. Für diejenigen, die das Glück haben, einen Startplatz zu bekommen, ist es nicht nur eine traumhaft schöne Fahrt um den größten See Italiens, es macht auch Spaß, sich mit Menschen zu treffen, die das gleiche Hobby teilen, und Erfahrungen auszutauschen! Und wer weiß, vielleicht gewinnt man sogar die Tour.

92

KULINARISCH

Sonntags trifft man sich zum Spießbraten

Die Gardasee-Küche ist ein Spiegelbild der italienischen Küche, denn es gibt – wie im gesamten Stiefelland – keine einheitliche Gastronomie. Das hängt insbesondere mit den drei unterschiedlichen Anrainerregionen des Sees zusammen. Während man im Trentino eine deftige Bergküche bevorzugt, liebt man im Veneto Risotti, Tortellini und Fische vom Gardasee. Die Fische schätzt man auch an der lombardischen Westküste, aber nicht nur. Da gleich hinter dem Seeufer eine Berglandschaft mit Almen und Viehwirtschaft beginnt, ist sie ein Mix aus mediterranen und alpinen Einflüssen und spiegelt zudem die Vielfalt unterschiedlicher Kulturen wider. Besonders gern werden zwischen Gargnano und Gardone Kapern in den Gerichten verwendet, die hier auch wild vorkommen. Kaum einer der vorbeifahrenden Touristen nimmt Notiz davon, dass sie entlang der Straße direkt aus den Steinmauern wachsen, aber nicht nur hier, sondern auch abseits der stark befahrenen Gardesana Occidentale. Die Ernte ist mühsam, weil man eine ganz spezielle Leiter benötigt, um die Früchte und Knospen mit der Hand zu pflücken. Kapernsträucher tragen gleichzeitig Blüten, Knospen und Früchte. Nach der aufwendigen Verarbeitungsprozedur, bei der Salz eine große Rolle spielt, schmecken die Früchte so aromatisch wie Kapern aus Süditalien.

Käse spielt in der Küche an der Westküste eine wichtige Rolle, aber nicht irgendein Käse – nein, er muss von den Almen des Alto Bresciano stammen. Zwei Käsesorten findet man meist in Kombination mit einer herzhaften Polenta in fast jeder Trattoria: Bagoss und Tombea. Beide werden noch auf den Almen handwerklich aus frischer Milch produziert, Bagoss ausschließlich im Bergdorf Bagolino. Dieser Hartkäse muss mehr als zwei Jahre reifen, bevor er verkauft wird. Während dieser Zeit wird er mit Safranwasser behandelt, das den Käselaiben ihre goldgelbe Farbe und auch einen einzigartigen Geschmack verleiht.

Eine Spezialität, die heute noch genauso beliebt ist wie anno dazumal, ist der Spießbraten. Den bereitet man aber nicht zu Hause zu, nein, man genießt ihn sonntags mit Freunden und der ganzen Familie im Restaurant. In vielen kleinen Dörfern gibt es Trattorien, die sich seit jeher auf die Zubereitung des klassischen *Spiedo* spezialisiert haben. Ein Spießbraten erfordert Zeit, Geduld und Leidenschaft fürs Grillen. Jeder Koch hat sein geheimes Rezept, aber üblicherweise werden abwechselnd Fleischstücke vom Schwein, Huhn, Rind und Kaninchen sowie kleine Vögel und Kartoffelschnitze auf einen langen Spieß gesteckt. Dort, wo auch Touristen zum Essen kommen, wird meist auf die Vögel verzichtet, um keine Diskussionen hervorzurufen. Einheimische sind jedoch überzeugt, dass die kleinen Vögel nicht fehlen dürfen. Während des stundenlangen Garens auf einem Holzkohlengrill bei nicht allzu starker Hitze wird der Spieß mit Öl, Butter oder Schmalz und mit Kräutern bestrichen, je nach Gusto des Kochs. Dazu gibt es dann obligatorisch Polenta und einen Groppelo, den kräftigen Rotwein aus der heimischen Rebsorte.

93

MOTORBOOTE

Die zwei schönsten Momente im Leben eines Bootsbesitzers

Der erste schöne Moment ist, wenn man sich ein Boot kauft, der zweite, wenn man es endlich verkauft hat. Das ist ein beliebter Witz unter Bootsbesitzern. Aber bei vielen, die am Gardasee Urlaub machen oder gar ein Haus oder eine Wohnung dort besitzen, steht ein Motorboot ganz oben auf der Wunschliste. Motorboote haben am Gardasee eine lange Tradition und eine der ersten Werften, die professionelle Liegeplätze anbot, war Familie Feltrinelli. Die Geschichte dieser bootsverrückten Familie geht zurück bis in die zweite Hälfte des 19. Jahrhunderts. Eine der frühesten Rechnungen für die Unterbringung eines Boots am Gardasee wurde am 4. August 1932 von eben dieser Werft ausgestellt und lautet: »Dem Herrn Eigentümer des Motorboots ›Moa‹ für Herein- und Herausheben des Bootes: 100 Lire, Unterstellen in der Werft vom 18. Dezember 1931 bis 22. Juli 1932, 208 Tage, der Tag zu 2 Lire, sind zusammen 416 Lire, gekauft ein Kanister Benzin, um das Boot nach Gardone zu bringen: 33,15 Lire, Gesamtsumme: 548,15 Lire, Steuermarke: 50 Lire.«

Opa Bindi, so nannte man Bernardino Feltrinelli, den Gründer der gleichnamigen Bootswerft, fing in Gargnano als einer der Ersten an, Boote zu reparieren. Damals war es üblich, dass der Schiffszimmermann ins Haus des Auftraggebers kam. Der Lohn war bescheiden, aber dafür bekam man zu essen und zu trinken. Da Bindi ein Genießer und leidenschaftlicher Weintrinker war, waren seine Verpflegungskosten beachtlich. Ein Fischer in Torbole fragte ihn, nachdem Bindi bereits einige Monate an einem neuen Boot gearbeitet hatte, wann es denn endlich fertig sei. Bindi antwortete, es fehle nur noch der Innenboden. Darauf sein Auftraggeber: »Ich verzichte auf den Innenboden, sonst müssen wir noch unsere Fischereiausrüstung verkaufen, um dich bezahlen zu können, und dann brauchen wir kein Boot mehr.« Solche und viele andere heitere Geschichten ranken sich um die Traditionswerft in Gargnano, die heute wie damals einen sehr guten Ruf am Gardasee hat.

94

MUSA

Ein Blick zurück in die bewegte Stadtgeschichte

Lange hat es gedauert, bis Salò mit seinen prachtvollen Palazzi und seiner bewegten Vergangenheit endlich die Zeit und den richtigen Platz für eine Museumsanlage gefunden hat, in der die Kultur und Identität der Stadt bewahrt werden kann. Der Kirchenkomplex Santa Giustina wurde 1587 erbaut, war bis 1773 ein Internat des Somaskerordens und diente auch später stets als Bildungseinrichtung. Bis 2005, als der Umbau in ein Museum begann, war es eine technische Fachschule. Der Komplex fügt sich harmonisch in das Stadtbild ein, seine Lage ist optimal und leicht erreichbar.

Bei einem historischen und thematischen Rundgang durch die weitläufigen Säle kann der Besucher einen Einblick in die Stadtgeschichte gewinnen. Im ersten Stock wird das Leben und Wirken berühmter Wissenschaftler vorgestellt, die in der Stadt oder im Umkreis geboren wurden. Dem berühmtesten Sohn der Stadt, dem Geigenbauer Gasparo Bertolotti, bekannt unter dem Namen Gaspero da Salò, ist eine eigene Abteilung gewidmet, in der man Geigen und Streichinstrumente jener Zeit bestaunen kann. Musikliebhaber werden sich freuen, dass diesem grandiosen Geigenbauer endlich auch in seiner Heimatstadt die nötige Aufmerksamkeit und Ehre zuteilwird.

Mittels eines multimedialen Rundgangs mit Informationstafeln und Videos wird die bewegte Geschichte der Republik Salò anschaulich dargestellt. Außerdem sind einige Räume Gemälden, Manuskripten und Skulpturen aus unterschiedlichen Epochen gewidmet.

Auch Technikfreaks kommen auf ihre Kosten und temporäre Ausstellungen machen das Museo di Salò, kurz MuSa genannt, auch für

Einheimische immer wieder aufs Neue besuchenswert. So lockte 2017 die Ausstellung »Museo della follia« (Museum des Wahnsinns) zahlreiche Besucher von weither ins MuSa. Es war eine Kunstausstellung der ganz besonderen Art, die das Thema des Wahnsinns im künstlerischen Schaffen zeigte mit Werken von Goya bis Francis Bacon.

95

RADWEGE

Mit dem Rad um den See – spektakulär und bald möglich

Die Zahl der Touristen, die in ihrem Urlaub gern Radtouren unternehmen, steigt von Jahr zu Jahr. Das Hinterland des Gardasees bietet bereits zahlreiche Möglichkeiten, mit dem Drahtesel die Landschaft zu erkunden, direkt um den See zu radeln, war bislang allerdings vor allem in den Sommermonaten lebensgefährlich. Seit vielen Jahren arbeiten deshalb die drei Anrainerregionen und der italienische Staat daran, einen 140 Kilometer langen Radweg rund um den Gardasee zu verwirklichen. 85 Kilometer sind bereits fertig, es fehlen noch 25 auf der lombardischen Uferstraße, 20 im Veneto und zehn auf der trentinischen Uferseite. Geplant ist, dass die Fahrradringstraße spätestens 2022 endgültig voll und ganz befahrbar ist. Wenn das geschafft ist, wird es sicherlich der spektakulärste Fahrradweg Europas sein, allen voran die Strecke an der Westküste nach den Tunneln, wo man direkt über dem Wasser radelt.

Dieses Teilstück von »Garda by Bike« wurde bereits im Spätsommer 2017 fertiggestellt. Die Struktur des zweieinhalb Meter breiten Weges besteht aus verzinktem Eisen, auf dem eine Art Laufsteg aus witterungsbeständigem Holz liegt. Zum See hin wird er mittels eines Schutzgeländers aus Stahl begrenzt. Der Bau dieser Teilstrecke war extrem schwierig, da sie direkt über dem Wasser und unter einem überhängenden Felsen verläuft. Die Arbeiter schwebten wie Seiltänzer durch die Luft, das Material wurde mit Hubschraubern angeliefert und der Felsen musste mit einem riesigen Stahlgeflecht gegen Steinschlag gesichert werden. Der zwei Kilometer lange Radweg ist ein architektonisches Meisterwerk, das den Radfahrern, aber auch Fußgängern einen atemberaubenden Panoramablick über den See bietet. Ein weiterer Schritt, den Gardasee für Radfahrer noch interessanter zu machen.

96

SCHIFFFAHRT

Seit 100 Jahren auf dem Gardasee unterwegs

Am 5. Mai 1909 brach der Dampfer Italia zum ersten Mal zu einer Fahrt über den Gardasee auf und sorgte gleich für Aufregung beim österreichischen Zoll in Riva. Der genaue Grund ist niemals wirklich geklärt worden, auf jeden Fall durfte der Kapitän nicht im Hafen anlegen. Der entschloss sich daraufhin kurzerhand, in Torbole zu ankern, und setzte von dort seine Fahrt nach Peschiera fort. Für damalige Verhältnisse war die Italia mit einer Länge von 50,22 Me-

› Vor über 100 Jahren ist die Italia das erste Mal über den Gardasee gefahren. Nach längerer Unterbrechung ist sie seit 1951 wieder auf ihrer gewohnten Route unterwegs.

ITALIA

tern und 6,5 Meter Breite ein riesiges Schiff. Heute finden 600 Personen Platz, davon sind 221 Sitzplätze überdacht, damals konnten auf dem Schiff sogar 800 Passagiere mitfahren. Die Italia hat im Laufe der über 100 Jahre viel erlebt und könnte sicherlich spannende Geschichten erzählen.

Der erfolgreiche Start der Dampfschifffahrt am Gardasee begann, als die Mailänder Gesellschaft für Dampfschifffahrt vom österreichischen Kaiser eine 15-jährige Konzession für den See erhielt. Diese Erfolgsserie entwickelte sich von Jahrzehnt zu Jahrzehnt weiter. Anfang des 20. Jahrhunderts brachten drei große Dampfer die Menschen über den See: die Baldo, die Zanardelli und die Italia. 1915 wurde die Italia vom italienischen Heer vereinnahmt und durfte nur noch Flüchtlinge aus den Kriegszonen transportieren. 1945 baute man das Schiff in ein Lazarett um, das in Sirmione vor Anker lag und mit dem Symbol des Roten Kreuzes gekennzeichnet war. Im gleichen Jahr wurde es dann von vier angloamerikanischen Jagdbombern beschossen, dabei ging die obere Brücke in Flammen auf. Ein weiterer Bombenangriff, der das Schiff zum Sinken brachte, fand kurze Zeit später statt. Erst 1949 wurde den Dampfer geborgen und renoviert. 1951 ging er endlich wieder auf seine gewohnte Reise von einem Gardasee-Dorf zum anderen.

Eine große Veränderung für das Traditionsschiff fand 1976 statt: Die Dampfmaschine ersetzte man durch einen modernen Dieselmotor, der Kamin wurde ein wenig gekürzt und die obere Brücke geschlossen. Bis zum heutigen Zeitpunkt wird die Italia regelmäßig generalüberholt. Das schöne Schiff hat bis jetzt seinen ursprünglichen Charakter und sein Aussehen behalten, sehr zur Freude der mitreisenden Passagiere.

97

STRADA DELLA FORRA

Nichts für Angsthasen beim Autofahren

Gleich vorab: Unerfahrene und ängstliche Autofahrer oder Beifahrer sollten sich genau überlegen, ob sie die Landstraße SS 38 wählen, um auf die Hochebene von Tremosine zu kommen. Die Strada della Forra (Straße der Schlucht) ist nämlich eine echte Herausforderung. Meist nur einspurig oder eineinhalbspurig, erfordert sie bei Gegenverkehr einige riskante Manöver. Vorsicht ist zudem geboten, weil die Bergstraße ein gefragtes Ziel für Motorradfahrer ist, die diesen Nervenkitzel lieben. Vielleicht schaut man sich dann doch lieber die wilde Verfolgungsjagd zwischen einem Aston Martin und einem Alfa Romeo im James-Bond-Film *Ein Quantum Trost* an. Bond alias Daniel Craig fand den richtigen Drive durch die 80 Kurven und Serpentinen und konnte schlussendlich am Seeufer seinen Martini »*shakerato, non mescolato*« genießen.

Viele renommierte Autohersteller nutzen die etwa fünf Kilometer lange Strecke für rasante, sensationelle Werbeaufnahmen. Geplant hat dieses Juwel der Straßenbaukunst Arturo Cozzaglio, ein Ingenieur und Geologe aus Tremosine. Tatkräftig gefördert haben das waghalsige Unternehmen Don Giacomo Zanini von Vesio und der Tremosiner Gemeinderat Michele Milesi. Sie überzeugten die zuständigen Abgeordneten des Staates, die schier unmöglich zu verwirklichende Straße vom Hafen am See auf 45 Meter bis nach Pieve auf fast 400 Meter zu bauen. 1908 begannen die Arbeiten und dauerten vier Jahre, wobei das größte Problem die Verlegung des Sturzbaches Brasa war, der sich einen Weg durch die Schlucht gebahnt hatte. Das Flussbett wurde dann als Straße genutzt, bekannt als die Höllenschlucht.

Die schönste oder zumindest spektakulärste Straße Europas wird jedes Jahr von Hunderttausenden Touristen besucht. Wer es also dennoch wagt, der wird verstehen, weshalb Winston Churchill dieses Meisterwerk des Straßenbaus als Achtes Weltwunder bezeichnet hat.

98

TRÜFFEL

Die kulinarischen Bodenschätze vom Gardasee

Frühmorgens, wenn der Tau noch auf den Blättern liegt, geht der Trüffelsucher mit seinem Hund auf die Jagd nach dem Schwarzen Gold, das sich bevorzugt unter Laubbäumen versteckt. Um Trüffel offiziell suchen zu dürfen, muss man eine amtliche Prüfung bei der zuständigen Verwaltungsbehörde ablegen. »Wildern« ist gesetzlich verboten und wird – wenn man erwischt wird – mit Bußgeld bestraft. *Mesenterico* und *l'Unicinato* sind zwei weitverbreitete Sorten, die vom Spätherbst bis in den Januar hinein zu finden sind. Diese *Tartufi invernali* verströmen einen intensiven Duft und sind die Protagonisten auf dem traditionellen Trüffelfest, das 2018 zum 20. Mal zahlreiche Genießer nach Tignale lockt. Die Feierlichkeiten um das Schwarze Gold finden Ende September, Anfang Oktober – zum Auftakt der Trüffelsaison – an zwei Wochenenden statt. Während der *Sagra del tartufo* stehen in den Trattorien und Ristoranti verlockende Trüffelgerichte in allen Variationen auf der Speisekarte, und an den Marktständen im Dorf werden neben frischen Trüffeln auch Produkte angeboten, die mit Trüffel verfeinert wurden, wie Würste, Käse, Salz oder Öl.

Im Frühling ist dann erst mal Schluss mit den *Tartufi*, erst im Sommer beginnt die Suche nach den weniger aromatischen Sommertrüffeln. Schließlich möchten die Touristen während der Hauptsaison auch ein wenig in den Genuss der kostbaren Bodenschätze kommen, auch wenn das Aroma meist doch sehr verhalten ist. Um es zu intensivieren, reibt man die Gardasee-Trüffel gern mit einem Reibeisen über den Risotto oder die Pasta.

Obwohl die Trüffel vom Gardasee, sei es in Tignale, auf dem Monte Baldo oder auch auf der Lessinia, nicht die Qualität, den Duft und den Geschmack der Trüffel aus Alba oder der Toskana haben, so frisch über eine *Pasta fatta a casa* gehobelt oder geraspelt, sind sie sehr schmackhaft und das Vergnügen ist bei Weitem nicht so kostspielig.

99

VIEL-DÖRFER-GEMEINDE

Knapp 2200 Einwohner auf 18 Dörfer verteilt

Erst nach Fertigstellung der Strada della Forra vom Hafen hinauf nach Pieve entwickelte sich in der Gemeinde Tremosine ganz langsam so etwas wie Fremdenverkehr. Bis dahin war man unter sich und lebte von dem, was man selbst erzeugen konnte. Auf den Almen weideten Kühe und die aromatische Milch wurde, ebenso wie die Milch der Ziegen, zu Käse verarbeitet. Aus den Früchten der Olivenbäume presste man feinstes Öl und die Bienen sorgten für süßen Honig. Der Weg ins Tal war lang und mühsam, wie man heute noch an den Maultierpfaden sehen kann, die zwischen den einzelnen Fraktionen von Tremosine über Berg und Tal hinab nach

Limone führten. Dank der Wildbäche gab es zwischen dem 18. und 19. Jahrhundert im Brasatal für einige Bewohner auch Arbeit in einer Eisenschmiede und in Mühlen und ab Ende des 19. Jahrhunderts sorgte die Baumwollfabrik in Campione dafür, dass 700 Dorfbewohner, vorwiegend Frauen von der Hochebene, eine Beschäftigung fanden.

In den Achtzigerjahren wurde die Viel-Dörfer-Gemeinde zu einem Eldorado für Tennisspieler; man sprach davon, dass es dort die höchste Tennisplatzdichte weltweit gab. Noch immer zieht es Tennisspieler hinauf auf den »Balkon des Gardasees«, wie die Hochebene gern genannt wird, und diese Aussage ist kein Werbegag. Jeder, der jemals auf der Terrasse in Pieve stand, wird das bestätigen. Pieve, das auf 413 Meter Höhe liegt, ist aber nicht nur wegen der Wahnsinnsaussicht ein gefragtes Touristenziel, der Hauptort der Gemeinde hat sich seinen ursprünglichen Charme bewahrt. Es macht Spaß, durch die engen Gassen zu bummeln, die sehenswerte Renaissancekirche zu besuchen und in einer der Trattorien einzukehren.

Die anderen 16 Dörfer verteilen sich auf 70 Quadratkilometer im Naturpark Gardasee auf einer Höhe zwischen 400 bis 600 Metern. In manchen der Dörflein leben lediglich 20 Personen – im Winter. Von Frühling bis in den Spätherbst sind es wesentlich mehr, denn Urlauber lieben dieses Gebiet abseits des großen Rummels. Tremosine mit seinen 18 verstreuten Dörfern und den knapp 2000 Bewohnern zählt zu den »schönsten Dörfern Italiens« (I borghi piú belli d'Italia) und hat sich im Laufe der Zeit zu einem beliebten Natur- und Aktivurlaubsparadies entwickelt. Die Einheimischen von Tremosine sind sich einig: Der Gardasee zeigt sich vom »Balkon« aus von seiner schönsten Seite und oben auf dem Berg ist es viel gemütlicher, ruhiger und entspannter!

100

VITTORIALE

Kitsch, Kunst und Konzerte mit Seeblick

Der Schriftsteller Gabriele d'Annunzio (1863–1938), Dichter des Fin de Siècle, war eine stets umstrittene Persönlichkeit. Obwohl er nie der faschistischen Partei angehörte, galt er als Ideengeber und Freund von Benito Mussolini, den er auch in seinem Haus empfing. 1921 wurde ihm die Villa mitsamt dem wunderschönen Park in Gardone vom Staat als Schenkung überlassen. Die Villa nannte er »Prioria« und ließ sie exzentrisch umgestalten. Er kaufte Flugzeuge und das Vorschiff des Kreuzers Puglia und ließ diese in seinen Park bringen. Seine Villa war und ist vollgestopft mit wertvollen Kunstwerken, aber auch mit sehr viel Kitsch.

Dank staatlicher Unterstützung konnte er seinen Park auf neun Hektar erweitern. Welch ein Glück, denn der ist wirklich sehenswert und ein Konzert dort an einem lauen Sommerabend zählt sicherlich zu den Highlights eines Gardasee-Urlaubs. Das Freilichttheater Parlaggio war ebenfalls eine Idee von d'Annunzio, es wurde nach dem Vorbild des Amphitheaters von Pompeji gestaltetet. 1500 Zuschauer können in dem 1953 errichteten Theater Konzert- und Ballettaufführungen sehen. Neben Klassik werden auch Rock und Jazz aufgeführt, und das bei einem atemberaubenden Blick auf den Gardasee, die Isola del Garda und die Rocca di Manerba. Eine perfekte Kulisse, um einen unvergesslichen Abend unter freiem Himmel mit Gänsehautfeeling zu erleben.

Neben diesen beachtlichen Konzerten gibt es weitere Events unter dem Namen »Tener-a-Mente«, die nicht im Amphitheater, sondern am Laghetto delle Danze stattfinden. Dieser kleine See, dessen Form an eine Violine erinnert und als Hommage an den großen

Geigenbauer Gaspero da Salò gedacht war, ist Schauplatz für ganz spezielle Konzerte mit internationalen Künstlern. Und, welch gute Nachricht für Hundebesitzer: Die Vierbeiner dürfen mit dabei sein und werden sogar gratis mit Wasser und Leckerli versorgt.

101

WOHLSTAND

Die Westküste – Symbol für Luxus einst und jetzt

Als Ende des 19. Jahrhunderts Gardone offiziell zum Kurort ernannt wurde, angeregt auch von deutschen Ärzten, die das therapeutische Klima lobten und viele berühmte Persönlichkeiten zur Rekonvaleszenz an die Westküste des Gardasees schickten, begann Gardone, sich in einen mondänen Urlaubsort zu entwickeln. Das charmante Dorf war für den Papierfabrikanten Feltrinelli der optimale Platz, um eine Traumvilla direkt am Seeufer zu verwirklichen. Das Grafengeschlecht der Bettoni war wiederum von der Schönheit Gargnanos so begeistert, dass es dort von Architekt Christofiori ihren Palazzo – damals direkt am Seeufer – erbauen ließ mit einem wunderschönen italienischen Garten, der heute leider wegen der Gardesana Occidentale vom Palazzo getrennt ist. Von 1943 bis 1945 verbrachte in diesem Prachtbau Benito Mussolini seine Ferien.

Und wie sieht es heute aus in den beiden exquisiten Ferienorten an der Westseite? Wer Luxus erleben will und dafür das nötige Kleingeld hat, der ist in Gardone und Gargnano genau richtig. In Gardone gibt es ein Hotel, das sich mit fünf Sternen schmücken darf und überaus beliebt ist bei deutschen Touristen mit dem nötigen finanziellen Background: das stilvolle Grand Hotel Fasano, direkt am See gelegen und umgeben von einem mediterranen Park.

Gutes Essen, natürlich in einem Sternerestaurant, gehört ebenfalls zu einem Luxusurlaub. Das Lido84 erhielt vor nicht allzu langer Zeit einen *Michelin*-Stern und Küchenchef Riccardo Camanini wurde schon zuvor im Hotel Fiordaliso mit dem Stern für seine Kochkunst geehrt. Vor einigen Jahren hat er dieses reizende Restaurant direkt am Seeufer nahe dem Hotel Fiordaliso übernommen.

Ein absoluter Hotspot, was Fünf-Sterne-Domizile und Sternerestaurants betrifft, ist Gargnano. Das Nonplusultra für alle Reichen und Schönen der Welt ist die Villa Feltrinelli. Das perfekt geschulte Personal kann sich den ganzen Tag um die wenigen Gäste kümmern, denn es gibt nur 20 Suiten. Wer Rang und Namen hat, verbrachte hier bereits – abgeschirmt von Neugierigen – ganz diskret seinen Urlaub und ließ sich alle nur erdenklichen Wünsche erfüllen. Für Genießer ein weiteres Zuckerl: der mit zwei *Michelin*-Sternen gekrönte Koch Stefano Baiocco! Er verwöhnt die Gäste mit grandiosen, kräuterduftend leichten und raffinierten Gerichten. Unter dem Motto »Neuer Luxus: Raum, Natur, Stille und zurückhaltender, jedoch auf jedes Detail bedachter Service« lädt oberhalb von Gargnano das Luxushotel Lefay Resort & Spa Wohlhabende zum Erholen ein.

Das reizende Hotel Villa Giulia kann zwar »nur« mit vier Sternen glänzen, aber seit 2018 kam ein neuer hinzu – ein *Michelin*-Stern für die Küche von Maurizio Bufi! Die Villa Giulia ist seit 1955 im Privatbesitz der Familie Bombardelli, die es seither mit schlichter Eleganz und viel Charme betreibt. Und da gibt es noch ein Traditions-Sterne-Restaurant: das kleine, pittoreske La Tortuga. Seit 1980 ist die Kochkunst der Familie Filippini ohne Unterbrechung mit einem *Michelin*-Stern gekrönt. Es hat sich also nicht allzu viel geändert in den letzten Jahrhunderten – die Westseite zwischen Gardone und Gargnano ist ein gefragtes Ziel der Reichen und Schönen.

REGISTER

IMPRESSUM

Verantwortlich: Claudia Hohdorf
Lektorat: Barbara Münch-Kienast
Layout und Satz: Silke Schüler
Umschlaggestaltung: Nina Andritzky
Repro: LUDWIG:media
Herstellung: Alexander Knoll

Printed in Italy by Printer Trento

Sind Sie mit diesem Titel zufrieden?
Dann würden wir uns über Ihre Weiterempfehlung freuen.
Erzählen Sie es im Freundeskreis, berichten Sie Ihrem Buchhändler oder bewerten Sie bei Onlinekauf. Und wenn Sie Kritik, Korrekturen, Aktualisierungen haben, freuen wir uns über Ihre Nachricht an Bruckmann Verlag, Postfach 40 02 09, D-80702 München oder per E-Mail an lektorat@verlagshaus.de

Unser komplettes Programm finden Sie unter: www.bruckmann.de

Alle Angaben dieses Werkes wurden von der Autorin sorgfältig recherchiert und auf den neuesten Stand gebracht sowie vom Verlag geprüft. Für die Richtigkeit der Angaben kann jedoch keine Haftung übernommen werden. Sollte diese Publikation Links auf Webseiten Dritter enthalten, so übernimmt der Verlag für deren Inhalte keine Haftung, da sich der Verlag diese nicht zu eigen macht, sondern lediglich auf deren Stand zum Zeitpunkt der Erstveröffentlichung verweist.

Bildnachweis:
Fotolia/Wilm Ihlenfeld (Umschlagvordeseite); Huber-Images: S. 8 (Sandra Raccanello), 44 (Johanna Huber), 53 (Günter Gräfenhain), 90 (Sandra Raccanello), 109 (Udo Bernhart), 161 (Matteo Carassale); picture alliance/Arco Images GmbH, S. 178; Shutterstock: S. 10 (Danny Iacob), 16 (Luigi Bertello), 30 (columbo.photog), 38 (gorillaimages), 62 (Paolo Tralli), 77 (Alberto Masnovo), 85 (Giorgio Marchiori), 110 (MNStudio), 118 (Luca Santilli), 130 (m.bonotto), 147 (barmalini), 150 (MNStudio), 170 (galindr); Wikimedia Commons/Robertk9410, S. 22

Die Deutsche Nationalbibliothek verzeichnet diese Publikation in der Deutschen Nationalbibliografie; detaillierte bibliografische Daten sind im Internet über http://dnb.d-nb.de abrufbar.

ISBN 978-3-7343-1213-7